N° 10

# NOTICES MILITAIRES

## EXTRAITS

DU

# JOURNAL D'UN CHEF DE COMPAGNIE

### ESSAI D'UNE MÉTHODE

Propre à instruire suffisamment la compagnie dans le combat en tirailleurs
et le service en campagne

En admettant qu'on ne dispose que d'un temps restreint
et qu'on se trouve dans des circonstances aussi défavorables que possible

## Première partie

SERVICE DE SURETÉ EN MARCHE ET COMBAT EN TIRAILLEURS

## PAR R. von ARNIM

Major et commandant de bataillon dans le régiment de fusiliers de Hohenzollern, n° 40

TRADUIT DE L'ALLEMAND

### PAR LE LIEUTENANT-COLONEL LECLÈRE

Du 105e de ligne

QUATRIÈME ÉDITION

PARIS

BERGER-LEVRAULT ET Cie, LIBRAIRES-ÉDITEURS

5, RUE DES BEAUX-ARTS

MÊME MAISON A NANCY

1870

# EXTRAITS



DU

# JOURNAL D'UN CHEF DE COMPAGNIE

# NOTICES MILITAIRES

# EXTRAITS

DU

# JOURNAL D'UN CHEF DE COMPAGNIE

## ESSAI D'UNE MÉTHODE

Propre à instruire suffisamment la compagnie dans le combat en tirailleurs
et le service en campagne

En admettant qu'on ne dispose que d'un temps restreint
et qu'on se trouve dans des circonstances aussi défavorables que possible

## Première partie

SERVICE DE SÛRETÉ EN MARCHE ET COMBAT EN TIRAILLEURS

## PAR R. von ARNIM

Major et commandant de bataillon dans le régiment de fusiliers de Hohenzollern, nᵒ 40

TRADUIT DE L'ALLEMAND

## PAR LE LIEUTENANT-COLONEL LECLÈRE

Du 105ᵉ de ligne

## QUATRIÈME ÉDITION

PARIS

**BERGER-LEVRAULT ET Cⁱᵉ, LIBRAIRES-ÉDITEURS**

5, RUE DES BEAUX-ARTS

MÊME MAISON A NANCY

## 1876

# AVANT-PROPOS DU TRADUCTEUR

Pour qu'une armée puisse être réputée réellement instruite en vue de la guerre, il faut que chacune de ses fractions jusqu'aux plus petites, jusqu'à la compagnie, jusqu'au groupe, jusqu'à l'homme isolé, ait été exercée et dressée, non-seulement aux exercices réglementaires et aux formations régulières de la place d'armes, mais encore et surtout aux mille détails que comportent les vicissitudes et les alternatives du combat et du service en campagne.

Notre règlement sur les exercices d'infanterie dit avec raison, en tête de l'école du soldat, que de l'instruction individuelle dépend celle des compagnies, des bataillons et du régiment ; mais si cette observation est juste quand il s'agit des manœuvres à rangs serrés du Champ de Mars, combien n'est-elle pas plus juste encore quand il s'agit des opérations de la guerre, des actes les plus importants de la vie du soldat, de la conduite à tenir en face de l'ennemi sur toute espèce de terrain ? C'est principalement dans cette branche du service que l'on doit attacher une importance capitale à l'instruction individuelle, aujourd'hui surtout que l'armement moderne semble devoir obliger les troupes en première ligne à se morceler pour ainsi dire à l'infini. Et ce n'est que lorsque chacun, du petit au grand, aura été dressé à fond à la pratique de toutes les petites opérations de la guerre que les manœuvres en grands corps de troupes, en divisions, en brigades, et même en régiments et en bataillons, pourront se faire avec profit pour tout le monde et présenter en même temps un véritable intérêt, en suivant une marche conforme à ce qui se passerait dans la réalité.

Il faut bien le reconnaître : cette instruction de guerre, tant recommandée cependant par un grand nombre de nos meilleurs généraux et de nos auteurs militaires les plus distingués, n'a pas été jusqu'à présent l'objet de soins bien assidus ni d'exercices bien suivis dans nos troupes d'infanterie, bien que certains corps aient fait dans ce sens des efforts méritoires qui ont déjà porté leurs fruits. Mais il n'en est pas de même à l'étranger, et surtout en Allemagne, où les exercices du service en campagne sont depuis longtemps en honneur, et où le soldat, le sous-officier, les officiers de tout grade, sont, dès le commencement de leur instruction, et pendant toute la durée de leur présence sous les drapeaux, habitués et rompus à toutes les péripéties des actions de guerre proprement dites, autant du moins qu'ils peuvent l'être par des manœuvres exécutées en temps de paix avec des armes chargées à blanc et sur des terrains où il faut naturellement, dans les circonstances ordinaires, respecter et ménager la propriété.

Il n'est donc pas étonnant qu'un officier de l'armée allemande ait eu l'idée de grouper, en un recueil relativement peu volumineux, les résultats des exercices supposés exécutés par une compagnie pendant une période d'instruction donnée, afin de fournir aux jeunes officiers et aux sous-officiers un guide, un *memento*, leur indiquant les opérations auxquelles ils doivent s'attacher de préférence et les moyens à employer pour arriver, de la manière la plus logique et la plus pratique, à remplir les missions qui peuvent leur être confiées.

Certes, il ne manque pas de règlements, de prescriptions, de traités relatifs aux exercices de service en campagne et aux opérations de la petite guerre; mais on n'y trouve, le plus souvent, que des données générales, des préceptes plus ou moins vagues, qui ne parlent pas assez à l'œil, ni à l'esprit; et, comme dit l'auteur dans sa préface, on manque encore, même en Allemagne, d'un indicateur abrégé disant à chacun, au capitaine comme au caporal chef de patrouille, à l'officier comme à la sentinelle isolée, ce qu'il faut faire dans tel ou tel cas. C'est cette lacune qu'a voulu combler le major Arnim, en rassemblant dans son travail un certain nombre d'exemples supposés, de cas concrets, comme il les appelle, et en suivant pas à pas, pour chaque détail, non-seulement la conduite du chef de compagnie, mais aussi celle de ses chefs de pelotons et de groupes, et même celle de chacun des hommes *détachés*, pris isolément.

Nous croyons qu'il y a réussi et nous sommes persuadés que la lecture de ce livre, qu'il ne faut pas du reste entreprendre à la légère, mais qui devient attachante, si l'on y apporte le soin, la réflexion et l'attention que l'ouvrage mérite, sera très-utile à tous ceux qui ont à cœur de voir notre armée se tenir à hauteur de sa mission et des progrès de ceux qui l'avoisinent. C'est pour cette raison que nous avons cru bon d'en entreprendre la traduction *in extenso*. Il ne s'agit pas ici de tactique allemande plutôt que de tactique française; il s'agit de ce qui se passe ou doit se passer dans toutes les armées possibles. A ce titre, c'est un livre universel, susceptible d'une application générale, et de la publication duquel on doit savoir gré au major Arnim. Nous espérons que nos camarades de l'armée française s'y intéresseront et seront de notre avis quand ils l'auront lu avec attention et quand ils en auront appliqué ou fait appliquer les maximes sur le terrain.

# PRÉFACE DE L'AUTEUR

Encore un livre sur l'instruction du service en campagne?..... Oui, et l'auteur croit même répondre à *un besoin* qui se fait sentir dans l'armée.

Il manque encore et toujours un guide abrégé sur la façon dont une compagnie,— en prenant pour base les indications les plus récentes et les idées les plus nouvelles, — peut être suffisamment préparée au service en campagne, même dans un temps *limité* et dans des conditions *défavorables* (par exemple avec *un seul* officier dans la compagnie).

On ne peut pas et on ne doit pas fixer de *règles* absolues à ce sujet; quant à de simples *indications*, cela peut suffire à l'officier qui réfléchit, mais non aux gradés d'un rang inférieur. Aussi, la méthode employée par le colonel V. Verdy dans ses *Études sur la conduite des troupes* m'a-t-elle paru la plus convenable pour suivre pas à pas dans leur manière de faire, *avec clarté et netteté*, non-seulement le chef de compagnie, mais aussi ses *chefs de peloton* et ses *chefs de groupes*, même chacun des groupes et chacune des patrouilles isolément, et pour déduire de ces observations la méthode d'instruction à adopter. Un ouvrage de ce genre, sans être une *ordonnance*, doit présenter un tableau qui mette bien en lumière, au moyen d'exemples tirés de cas concrets, de *circonstances déterminées,* la conduite à suivre dans des situations analogues et aussi le moyen de modifier cette conduite, de manière à ce qu'elle puisse être adaptée même à d'autres conditions de terrain.

La critique dira si j'ai réussi à me faire assez comprendre et si les sous-officiers et les chefs de patrouilles eux-mêmes, après avoir étudié mon livre, seront mieux en état de perfectionner leur instruction par l'exercice ; je m'en rapporte à elle. Mon *intention* a été de faciliter la pratique, si nécessaire et pourtant si difficile, et qui fait perdre tant de temps, de la *mise en place* de chacune des fractions dans *l'ensemble* de la situation ; j'ai voulu en même temps offrir au chef de compagnie un manuel qui le mît à mên o de *préparer d'avance* chaque exercice pratique, de s'épargner ainsi beaucoup d'instructions qu'il faudrait donner sur le terrain, et de faire en un seul jour *plus de choses* qu'il ne pourrait en faire autrement.

Puisse ce travail être favorablement accueilli, et que tous les chefs de compagnie qui en feront usage veuillent bien rechercher et corriger les défectuosités qu'il peut présenter !...

Cologne, le 29 janvier 1873.

L'Auteur.

# EXTRAITS

## DU JOURNAL D'UN CHEF DE COMPAGNIE

——————~~~——————

## INTRODUCTION

26 *avril* 18.. — Depuis aujourd'hui jusqu'à la fin de juin, époque à laquelle a lieu l'inspection du régiment (1), — *neuf semaines complètes* pour l'exercice en tirailleurs et les détails du service en campagne!

Combien de jours d'exercice?

Tous les neuf jours, le bataillon est de garde, — par suite, sur neuf jours, il n'en reste que sept de disponibles pour les autres services, — donc, pour neuf

(1) On sait que chaque période d'instruction est suivie, en Prusse, d'une présentation (*Vorstellung*) et d'une inspection (*Besichtigung*). A la présentation du régiment, dont il est question ici, l'examen porte sur tous les exercices réglementaires de la place d'armes, sur le tir à la cible individuel, sur l'école de tirailleurs, le service en campagne, la gymnastique et l'escrime à la baïonnette. Il reste à exécuter, pour compléter l'instruction annuelle, les exercices de brigade, les tirs d'ensemble, les manœuvres de division et les manœuvres de guerre, dites manœuvres d'automne. — (*Note du traducteur.*)

1

semaines, quarante-neuf jours. De là, si l'on défalque encore *sept* ou *huit dimanches*, il ne reste pour neuf semaines que *quarante et un jours* d'assurés; ces quarante et un jours peuvent se répartir comme il suit :

Pour le tir, deux matinées par semaine.

Dix-huit matinées retranchées de quarante et une, il reste vingt-trois.

Neuf matinées d'exercice de bataillon ôtées de vingt-trois, il reste quatorze.

Tous les neuf jours, une matinée pour les corvées en remplacement du bataillon qui est de garde; ces corvées ont pour résultat que la compagnie qui en est chargée ne conserve plus, en dehors des sous-officiers et des gefreite, que vingt-quatre à trente hommes disponibles, c'est-à-dire qu'elle ne peut être exercée qu'au service de patrouilles.

En outre, il faut ajouter les jours perdus par suite de causes imprévues, mauvais temps, fêtes, événements extraordinaires.

Bref, je ferai bien de baser mon plan sur ce fait, que je ne puis compter avoir la compagnie tout entière disponible pour le service en campagne, que pendant *six matinées* dans les neuf semaines.

De ces six matinées, il faut en garder trois au moins pour les exercices du service de grand'gardes en campagne avec deux détachements l'un en face de l'autre; — donc il ne reste que trois matinées pour le détail des tirailleurs sur le terrain et pour le service de sûreté en marche.

Si je réussis à économiser encore une matinée en *mai* (en allant au tir une fois le matin et trois fois le soir, au lieu de tirer deux fois le matin et deux fois le soir), — je pourrai l'ajouter à celles consacrées aux *exercices de détail*; — si c'est en *juin*, je la joindrai aux *exercices d'ensemble*.

Si je calcule *combien de fois, en dehors* du service de sûreté, il me sera possible de pratiquer le combat sur le terrain, il devient évident qu'il me faut tenir compte de chaque *minute* pour exécuter autant que possible beaucoup de choses *à la fois*, et que la *théorie du soir* sur l'exercice qui aura eu lieu dans la journée devra être dirigée d'une façon si pratique, qu'elle profite presque autant qu'une répétition du même exercice par d'autres hommes.

Je sais ce qu'on demande à l'inspection :

1° Conduite habile et prudente des hommes détachés et des patrouilles :

*a)* Dans la manière de *fouiller* une certaine étendue de terrain ;

*b)* Dans la manière de *rechercher* et d'observer l'adversaire ;

*c)* Dans la manière de *se retirer* devant l'ennemi ;

*d)* Dans la manière de *transmettre* les nouvelles ;

2° Une bonne *instruction* des *sentinelles*, une conduite correcte de leur part, et le talent de savoir *avertir* suivant les différents événements qui peuvent se présenter ;

3° *Occupation* bien entendue d'une position par un

ou *plusieurs* groupes, soit pour *la défense*, soit *pour l'attaque*; — *manière de renforcer* la position, aussi bien *en prolongeant* la ligne qu'en *la doublant*; — constructions ou travaux à exécuter dans la position avec *des pelles* ou par tout autre moyen, pour pouvoir fournir un feu assuré et à couvert autant que possible; — les différentes espèces de feux, la manière de les diriger, et leur emploi aux différentes distances (appréciation des distances); — rapports à envoyer de la ligne des feux;

4° Le *combat proprement dit*, y compris l'entrée en ligne des soutiens à rangs serrés pour fournir des salves; cas d'une attaque repoussée; — retraite volontaire (aussi bien quand il s'agit de *disparaître* sans être vu, que lorsqu'on doit céder et se retirer successivement *en présence* d'un dernier choc décisif);

La retraite *forcée*, à la suite d'un combat décisif; la retraite à travers un défilé jusqu'à une position de refuge;

L'*attaque de front* (même en terrain libre) et l'*attaque de flanc*; la marche en avant *par bonds successifs* et la manière de se rapprocher de l'ennemi; l'assaut; l'attaque concentrique; la conduite à tenir dans la position *conquise* et la *poursuite* de l'ennemi.

Je ne peux pas absolument demander moins; — car il est clair que tout cela est nécessaire, indispensable même à l'instruction de la troupe.

Mais puis-je répondre seulement que *la plus grande partie* de la compagnie sera dressée réellement à toutes ces choses?

Comme *chefs de patrouilles*, je ne puis songer qu'à dresser des *hommes choisis, particulièrement doués,* — *deux hommes par an dans chaque escouade;* — pour les autres, ce serait peine perdue.

En ce qui concerne les autres parties du service, au contraire, chacun, en particulier, a besoin de pratiquer; — *chaque homme* doit, au moins, avoir fait l'exercice en tirailleurs sur le terrain et appris les formes régulières du service des grand'gardes.

Je me procurerai encore quelques après-midi pour les exercices de détail dans le voisinage de la caserne.

Il faut que je réussisse à disposer au moins de six après-midi, — y compris un exercice de nuit, — quand je devrais pour cela faire un exercice gymnastique de moins qu'une autre compagnie.

Heureusement, j'ai déjà souvent exercé les recrues à s'embusquer derrière des abris; dans les exercices de marche de la compagnie, je leur ai fait apprendre par les anciens à se conformer aux règles du service de sûreté en marche, à occuper une position, à s'en approcher pour l'attaquer, et je leur ai fait montrer d'une façon spéciale comment il faut s'y prendre pour placer une grand'garde et ses sentinelles. Ces exercices préparatoires, et aussi l'instruction théorique faite avec soin par les officiers pendant l'hiver, me profitent maintenant; je n'aurais pas cru que le temps me fût si étroitement mesuré pour les *exercices pratiques!*

———

# PREMIÈRE MATINÉE

———

*Le 5 mai 18..* (voir *fig.* 1). — La compagnie a pris les armes à 6 heures et demie; les hommes étaient équipés à la légère, et on emportait un paquet de cartouches par escouade — 70 hommes au rendez-vous. (En outre des hommes détachés d'une manière permanente, il manquait : les travailleurs, les ouvriers, les plantons, le secrétaire de la compagnie, les cuisiniers; le feldwebel assistait à l'exercice comme chef de peloton, et devait être remplacé pour le rapport par le secrétaire.)

Les 6 escouades formaient 3 pelotons à 2 sections.

Dès le commencement, on a désigné par escouade deux hommes dans leur deuxième année de service, et deux hommes dans leur première année, pour être dressés au service de chefs de patrouilles. Parmi le petit nombre d'hommes faisant leur troisième année de service, aucun n'était propre à ces fonctions. Il a été prescrit d'exercer le plus possible les soldats ainsi désignés à *tous* les détails pratiques du service en campagne.

Les chefs de peloton ont placé en avant les hommes de la 2e ou (de la 1re) classe de tir; les chefs d'escouade (ou de section) ont fait de même pour les meilleurs tireurs de la 3e classe.

## PREMIER EXERCICE

HYPOTHÈSE. — *La compagnie doit s'avancer par Meerheim jusqu'à la hauteur voisine, pour y prendre position contre un ennemi venant de Fühlingen (le 2ᵉ village). Des patrouilles ennemies se sont montrées dans la nuit près de Meerheim.*

DISPOSITION. — *Un peloton en avant-garde sur la chaussée; le village de Meerheim doit être fouillé avec soin; des patrouilles latérales doivent être envoyées vers les fermes qui sont sur le côté. — Les deux autres pelotons suivent de près l'avant-garde, afin de prendre leur part des instructions qui peuvent être données aux hommes et aux groupes détachés; leurs chefs de peloton doivent les renseigner à ce sujet et leur expliquer également tout ce qui se passe sous leurs yeux.*

BUT DE L'EXERCICE. — 1° Instruction et conduite des *détachés* et de *l'avant-garde* pour une marche en avant dans le voisinage de l'ennemi, sur un terrain qui ne permet pas de voir au loin ;

2° Conduite à tenir dans le cas où l'apparition de l'ennemi est annoncée à une grande distance (supposée);

3° Conduite à tenir si l'ennemi (supposé) se porte de nouveau en arrière.

### EXÉCUTION

Le chef de peloton a désigné pour la pointe : *Un sous-officier comme chef, deux files, et enfin un homme chargé de relier la pointe à l'avant-garde.*

En outre, une file a été détachée à droite et une autre à gauche, en flanqueurs.

Deux chefs ont été désignés d'avance pour les patrouilles latérales qui pourraient devenir nécessaires à droite et à gauche. Tous ces hommes sont sortis sur les flancs; le reste a été réuni en une section, formant avant-garde, sous le commandement du plus ancien sous-officier.

### *Instructions pour les détachés.*

De la pointe, deux hommes s'avancent tout d'abord à droite sur la chaussée, deux hommes à gauche, jusqu'à la lisière, en traversant vivement le village. Si, de là, ils ne peuvent rien découvrir au sujet de l'ennemi, ils doivent poursuivre jusqu'à la hauteur, d'où ils observeront tous les environs.

Les coureurs de côté s'avancent à droite et à gauche le long de la lisière du village, en se tenant le plus possible en communication avec la pointe.

Il est inutile d'exiger que les fermes soient minutieusement fouillées, puisqu'une patrouille ennemie tout au plus pourrait s'y cacher (1). Mais sur tous les *chemins latéraux*, les détachés, avant d'aller plus loin, doivent

(1) Il n'est nécessaire de fouiller *minutieusement* les fermes que dans trois cas :

1° Si le détachement qui marche en avant est très-faible, au point de pouvoir être gêné même par une petite embuscade ennemie;

2° Si, lors de l'attaque, un village n'est pris qu'après un long combat autour des fermes;

3° Si la présence de partisans ennemis, de francs-tireurs, exige en pays ennemi des précautions particulières. — (*Note de l'auteur.*)

bien observer s'il n'y a rien de suspect le long du chemin.

*Commencement de la marche en avant.*

— « En route, les détachés! » —

Les quatre hommes de la pointe se sont vivement portés en avant, le sous-officier tout près d'eux, du côté où il pouvait le mieux voir le terrain environnant.

Les coureurs de côté sont tout d'abord restés en arrière, parce qu'à cause des champs cultivés, ils ne pouvaient être mis en route que plus tard. Mais on leur a indiqué les points sur lesquels ils auraient eu à se porter directement si l'on avait réellement été en campagne.

L'homme chargé de maintenir les communications n'a suivi que lorsque la pointe a eu pris une avance de 80 à 100 mètres; le chef de peloton s'est porté en même temps sur un des côtés de la route.

Lorsque la pointe a eu fait encore une centaine de mètres, l'avant-garde s'est mise en marche par le flanc droit; le chef s'est porté un peu en avant, de manière à ne jamais perdre de vue le commandant du peloton, afin de pouvoir comprendre rapidement ses signes ou ses commandements, et s'y conformer le plus vite possible.

Dans le village, un chemin conduisait à droite vers une ferme isolée.

Dès qu'il s'en est aperçu, le chef de peloton a crié en arrière : « *Une patrouille à droite pour visiter la ferme!* »

Le chef de l'avant-garde a fait avancer jusqu'au chef de peloton, à une allure rapide, le commandant de patrouille désigné d'avance, avec deux hommes. Le chef de peloton lui a dit : « Visitez la ferme, puis retournez à l'avant-garde!... Un coup de fusil et un avis rapide si vous remarquez quelque chose au sujet de l'ennemi » (1).

*Nouvelle des coureurs de gauche.*

Avant que la pointe n'eût atteint la lisière opposée du village, j'ai fait transmettre au chef de l'avant-garde, par les coureurs de gauche, l'avis suivant : « *Des coureurs de gauche :* Un détachement ennemi, fort d'un peloton à peu près, est en marche sur le village, à 1,000 pas d'ici! »

*Conduite des détachés et de l'avant-garde à cette nouvelle.*

*Ordre pour la pointe.* — « Vite en avant jusqu'à la « sortie! »

*Ordre pour l'avant-garde.* — « Au pas de course jusqu'à la dernière ferme près de la sortie, et qu'on s'y place à couvert! » — Il va de soi que la troupe principale suivait au pas de course, sans qu'on eût besoin de le lui commander spécialement.

Le chef de peloton, d'après ce principe qu'il doit toujours se trouver au point le plus important pour y

(1) Dans ce cas, comme il peut se trouver tout au plus une patrouille ennemie sur le flanc, la pointe continue tranquillement sa marche en avant, sans attendre le résultat de la visite. (*Note de l'auteur.*)

arrêter les dispositions à prendre, s'est porté rapidement à l'issue du village avec la pointe.

A droite il y avait une haie, à gauche une ferme avec des murs, et un champ de tir libre en avant.

« L'avant-garde à l'abri derrière le mur! » — Deux hommes de la pointe étaient à gauche près du mur, et deux près de la haie.

Aussitôt que les coureurs de côté ont vu que la pointe occupait la lisière, ils s'y sont aussi portés rapidement, et y ont pris position à l'abri. La patrouille latérale était encore à la ferme de droite.

La marche de l'avant-garde jusque derrière le mur n'a pas été habilement exécutée; elle aurait été aperçue de loin, tandis que si les hommes avaient parcouru, en se baissant tout à fait, les 20 derniers pas jusqu'au mur, ils auraient pu arriver dans la nouvelle position sans être vus le moins du monde.

Comme j'attache une grande importance à l'observation de ces mesures de précaution, j'ai fait recommencer le mouvement en présence du reste de la compagnie (1).

De l'avant-dernière ferme jusqu'au mur élevé d'environ 3 pieds, il y avait à parcourir un espace libre

(1) Il faut, dès le principe, s'opposer à la tendance qui porte les hommes à se faire voir inutilement en prenant position. Ce n'est que tout à fait *exceptionnellement*, pour faire supposer à un ennemi *plus de forces* qu'on n'en a réellement de disponibles, qu'il est avantageux *de montrer* à l'adversaire *le plus de monde possible* en prenant position (et cela sur *différents* points); mais alors *des ordres ont dû être donnés exprès dans ce but particulier* (*Note de l'auteur.*)

de peu d'étendue. En se servant du fossé de la route, l'avant-garde a dû, en se baissant cette fois, et les hommes marchant sur une file l'un derrière l'autre, s'avancer jusqu'à hauteur du mur; et, de là, également baissé, o.. a couru s'embusquer derrière ce mur.

En même temps, au moyen d'un autre détachement, j'ai fait voir comment en faisant parcourir successivement, *file par file*, l'espace libre jusqu'au mur, on arrive à laisser l'ennemi complétement indécis sur la *force* de l'occupation, même en supposant qu'il se soit aperçu que le mur était occupé.

J'ai alors prévenu la compagnie que j'admettais que l'ennemi battait en retraite et disparaissait derrière la hauteur.

*Conduite à tenir ensuite pour relever le peloton d'avant-garde.*

« Le 2ᵉ peloton en avant-garde pour suivre l'ennemi! — Rassemblement pour le premier peloton! »

Les champs cultivés ne permettaient de s'avancer que le long de la chaussée, aussi le chef du 2ᵉ peloton a-t-il dû commander : « La 1ʳᵉ section en tirailleurs « par le flanc, sur le côté droit de la chaussée! — La « file de l'aile gauche dans le fossé à gauche! — La « 2ᵉ section en avant-garde par le flanc droit à rangs « serrés! » — La nouvelle avant-garde a laissé prendre l'avance nécessaire à sa première section. Pendant ce temps, le chef du premier peloton a envoyé rapidement à ses détachés l'ordre de rallier la compagnie sur la chaussée.

Puis le premier peloton s'est reformé à la queue du

troisième, sans attendre ses détachés, et a dû reprendre son ordre de marche dès que ces derniers ont été arrivés. La section de devant ayant atteint sur la chaussée une petite élévation, d'où l'on pouvait voir passablement loin autour de soi, je lui ai fait former une pointe pour exercer aussi les hommes à ce service.

Le chef de section a immédiatement désigné deux files qui ont dû se détacher à droite et à gauche de la chaussée (1), et un homme chargé du maintien des communications. Les autres sont restés arrêtés jusqu'à ce que l'avant-garde les eût rejoints; et, tout en continuant sa marche en avant, le commandant de l'avant-garde les a fait placer dans ses rangs.

A proximité de la hauteur mentionnée dans la disposition, le terrain est devenu praticable sur le côté droit; un petit bosquet se trouvait en avant à droite sur la hauteur; une ferme à 500 mètres environ sur le côté.

Le chef de l'avant-garde a fait rapidement gravir la hauteur à la file droite de la pointe, qui a dû s'avancer jusqu'à ce qu'elle pût voir par-dessus; et, tandis que l'avant-garde prenait position·à couvert au pied de cette hauteur, il a envoyé l'avis suivant :

(1) Une pointe de *quatre hommes au moins en avant* a l'avantage de ne pas être obligée de s'arrêter devant chaque patrouille qui peut se montrer. Aussi devrait-on, dans les grandes portions de troupes, même en temps de paix, renoncer entièrement aux pointes de 3 hommes. — A la guerre, on ne se servira presque jamais d'une pointe de 3 hommes, — même dans le cas où il n'y a pas de cavalerie en avant de l'infanterie. — (*Note de l'auteur.*)

*De l'avant-garde :* « On est arrivé à la hauteur indiquée dans l'ordre; on ne découvre rien au sujet de l'ennemi. »

*Indication des mesures de sûreté à prendre par les détachés pendant un repos de la compagnie.*

La compagnie s'étant rapprochée de l'avant-garde, j'ai fait tout de suite avancer les chefs de peloton et de section jusqu'à la crête, et j'ai expliqué que j'approuvais les dispositions prises par la pointe d'avant-garde, mais en faisant remarquer que cela ne suffirait pas pour la sûreté de la compagnie si l'on devait se reposer plus longtemps en cet endroit.

En pareil cas, le chef de l'avant-garde aurait dû immédiatement et de *lui-même* prendre ses dispositions. L'intervention d'un chef plus élevé en grade n'aurait été justifiée alors qu'au cas où les mesures prises eussent été fausses ou insuffisantes. J'ai donc demandé ce qu'il y aurait encore à faire à ce sujet.

— « Il faudrait établir une grand'garde! » m'a-t-on répondu.

J'ai observé que l'avant-garde pouvait se considérer comme grand'garde, mais qu'il n'était pas nécessaire de poser des sentinelles suivant les règles. Les deux hommes de la pointe suffisaient pour le moment au bord de la hauteur; les autres mesures de sûreté devaient être confiées à des patrouilles envoyées sur les points que l'on ne pouvait pas voir de l'endroit où l'on était, — une patrouille pour fouiller le bosquet jusqu'à la lisière opposée et y rester de pied ferme; une autre vers la ferme à droite, devant revenir après l'avoir visitée. Pour les détachés restés en position, ils auraient été relevés par les soins de l'avant-garde; puis les faisceaux auraient été formés.

J'ai fait alors approcher toute la compagnie, et je lui ai montré ce qu'il y avait à faire comme service de sûreté, pour le cas où l'on aurait dû se reposer quelques heures au même endroit, dans le voisinage de l'ennemi.

J'ai fait voir aussi comment la patrouille aurait dû envoyer dans le petit bois ses deux hommes de devant, de telle sorte que l'un à droite, l'autre à gauche, pussent encore voir en dehors de la lisière, tandis que l'homme chargé de les relier à l'avant-garde, se tenant en arrière et au milieu, aurait cherché à ne jamais perdre de vue les deux premiers. Aussitôt le bois traversé, ils se seraient placés à la lisière opposée, de manière à pouvoir observer le terrain de tous les côtés.

La patrouille envoyée à la ferme aurait dû la visiter avec deux hommes, le troisième restant en observation en dehors. Même une petite patrouille ennemie pouvant être gênante pour un détachement *au repos*, en provoquant une fausse alerte, il importe, pour *reposer tranquillement*, de s'assurer *exactement* du terrain environnant.

Après la visite de la ferme, la patrouille aurait pu revenir, le terrain en avant pouvant être suffisamment observé par la patrouille du bosquet.

Je n'ai pas, du reste, fait exécuter ce que je venais

d'expliquer; mais j'ai franchi la hauteur avec la compagnie, et, après avoir fait rentrer les détachés, j'ai fait faire front du côté opposé (c'est-à-dire face au village de Meerheim), en arrière de cette hauteur, et j'ai fait former les faisceaux pour passer ensuite à un nouvel exercice.

## DEUXIÈME EXERCICE

Il était huit heures et demie.

Hypothèse. — L'idée suivante a été communiquée à la compagnie comme devant servir de base au deuxième exercice de la matinée :

*La compagnie est envoyée en avant sur la chaussée jusqu'à la hauteur (dans le sens contraire à la direction primitive), pour occuper cette hauteur et la défendre contre une attaque supposée venir du village M.*

But de l'exercice. — 1° Détails de l'occupation d'une hauteur ;

2° Préparatifs de défense ;

3° Exécution de la défense au point de vue de la conduite à tenir par chacun des hommes dans le groupe ; mesures relatives aux détachés et à l'emploi des soutiens ;

4° Moyens à employer pour sortir de la position et s'élancer en avant, et pour poursuivre un ennemi repoussé.

Un homme a été placé sur la chaussée à 200 pas, un autre à 300 pas du point culminant, avec l'ordre de se tenir alternativement debout, à genou ou couchés, et de faire feu contre l'élévation de terrain.

### DISPOSITION POUR L'OCCUPATION DE LA POSITION

*« Le premier peloton fait occuper par un groupe la pente de la hauteur à droite pour battre la chaussée; avec un second groupe, il occupe la gauche de la crête, la file de l'aile gauche détachée au petit bois pour observer le flanc de ce côté. Le soutien est placé en arrière de la crête, à gauche de la chaussée. »*

1° EXERCICES PRÉPARATOIRES DE DÉTAIL POUR L'OC-CUPATION. — On s'est d'abord particulièrement exercé à faire prendre position à chacun des deux groupes, les autres assistant à l'opération comme spectateurs.

*Groupe de droite.*

Le chef a dû choisir promptement le chemin le plus favorable pour faire avancer son groupe à couvert jusqu'à la position, et il a commandé : « Par le flanc gauche! » (parce qu'à droite le terrain offrait moins d'abris), puis il s'est porté à la tête de son groupe, vivement, mais en se baissant, et l'a conduit ainsi à hauteur de la position à prendre.

Alors, au commandement : « Halte! — A droite en position! » tout le monde s'est formé en ligne vers la droite, en se baissant et en prenant des intervalles, et l'on s'est couché. Tous ceux qui se sont trouvés n'avoir pas encore devant eux un champ de tir libre, ont été invités à ramper en avant assez loin pour être à même de bien battre le terrain, et à se placer de manière à pouvoir bien tirer, soit avec l'arme appuyée, soit à genou.

Pour appuyer l'arme, on ne devait pas se servir du sabre, mais on devait préparer rapidement l'appui à la bêche, pour peu que cela fût praticable.

Le chef de groupe a contrôlé les dispositions prises. Quelques files ont dû se reporter en arrière en rampant, assez loin pour pouvoir faire feu à genou, tout en restant à couvert. Il était ordonné de mettre en joue, le genou droit à terre, l'arme appuyée sur la main gauche, le coude gauche sur le genou du même côté, le pied droit solidement fiché sur le sol.

Lorsqu'il a été constaté que la chaussée pouvait ainsi être bien battue du côté droit, la file de l'aile droite a été envoyée de l'autre côté de cette chaussée (1).

On a alors exercé les hommes à viser le soldat placé à 200 pas en avant, et on a examiné si, d'après le départ, le coup aurait été bon, suivant que cet homme se tenait debout, à genou, ou couché.

Le chef de groupe a dû faire exécuter à son commandement, dans cette position : le *feu individuel* (les meilleurs tireurs seuls faisant feu sur l'homme debout à 300 pas); le *feu lent* (à 200 pas, si l'homme

---

(1) Toutes les fois qu'il en est besoin, chaque chef de groupe doit établir *de lui-même* son détachement d'après ces indications; *répartir* son groupe en deux moitiés à droite et à gauche de la chaussée serait une faute, parce que, de cette façon, la direction du groupe lui échapperait. S'il était nécessaire d'occuper plus fortement le côté opposé de la chaussée, il faudrait y poster un groupe particulier. — (*Note de l'auteur.*)

placé à cette distance se *découvrait* davantage pour l'un ou l'autre des tireurs); le *feu renforcé* ou par rang (à 300 pas, en admettant qu'une forte ligne vînt à se montrer à cette distance); et le *feu rapide* (à 200 pas, dans la même hypothèse).

On devait tenir la main à ce que, pour les trois premières espèces de feux, le tireur se tînt complétement à couvert *pendant la charge*, mais à ce qu'il ne fît pas de même pour le feu rapide, afin de pouvoir *charger* plus vite ; pourtant, même dans ce feu rapide, aucun coup ne devait être tiré précipitamment.

### Groupe de gauche.

La même opération a ensuite été exécutée avec le groupe de l'aile gauche, qui a été conduit en avant *par le flanc droit* et *formé en position vers la gauche.*

Ici, tout le monde a dû tirer à genou et se baisser complétement pour charger, attendu qu'on aurait perdu trop de temps à faire une tranchée-abri, bien qu'il eût suffi, dans la réalité, de dix minutes pour en construire une.

### Instructions pour la file de l'aile gauche.

On a donné pour consigne à la file de l'aile gauche, avant son départ pour le petit bois, de se placer à couvert sur un point lui permettant de bien observer les environs (à gauche et en avant); et elle a reçu l'ordre de *prévenir à la voix* le chef de groupe de tout ce qu'elle pourrait apercevoir de nouveau, tant que la fusillade n'aurait pas commencé, tandis qu'elle devait *faire prévenir* par un homme, dès que le groupe aurait ouvert le feu.

Elle ne devait jamais perdre ses communications avec son groupe; par suite, elle avait à reculer en même temps que lui, le cas échéant.

*Faire relever le premier peloton par le second.*

Il a été ordonné alors au 2ᵉ peloton de relever les groupes avancés, en exécutant ses mouvements de la même manière que le premier peloton. Ce dernier est resté couché jusqu'à l'approche du second, puis le chef de la section de droite a averti : « La première section du premier peloton! » — (tout le monde a tourné les yeux vers lui) — « En retraite à couvert! » — Le chef lui-même s'est retiré en se baissant, mais à une allure vive; les hommes se sont glissés en arrière, l'arme dans la main droite, la main gauche servant à s'appuyer, jusqu'à ce qu'ils fussent à l'abri en se tenant courbés ou debout; et alors on a commandé : « Rassemblement sur la gauche! — Demi-tour! » puis, à hauteur du soutien : « Par le flanc droit! » et enfin : « Halte! — Front! » pour se placer à la queue du soutien.

De même pour le groupe de gauche qui, lui, a dû se rassembler sur sa file de droite, parce qu'elle était la plus rapprochée du soutien.

2° EXERCICES PRÉPARATOIRES DE DÉTAIL POUR LA DÉFENSE. — On a ensuite exercé le soutien à marcher en avant pour fournir des salves, en indiquant d'abord aux chefs comment il fallait commander : « Pour faire feu, halte ! » au moment où le soutien, tout en se trouvant encore partiellement abrité, autant que possible du moins, aurait cependant un champ de tir libre en avant de lui. (Avertissement aux tireurs : « Feu « rapide ! »)



Puis on a donné l'ordre suivant : « Le 3e peloton à la chaussée pour fournir des salves! » Aussitôt le chef de peloton a commandé : « Pas de course! Marche, « marche! (1) — Demi à droite, marche! — Droit en « avant! — Pour faire feu, halte! — A genou!.. » Le chef de peloton, après ce dernier commandement fait en avant du front, s'est assuré, en passant de l'autre côté du peloton avant de commander la suite, que le champ de tir était libre; — et, une fois *derrière le centre du peloton*, il a ajouté : « A 300 pas! — En « joue! — (Tranquillement) Feu! — Chargez! »

Les hommes n'ayant pas apprêté, mis en joue et retiré l'arme avec calme et précision, le peloton a été ramené encore une fois en arrière, puis a été de nouveau porté en avant. On a ensuite fait l'avertissement suivant : « Le premier peloton à gauche près de la crête « pour fournir des salves ! »

Même exécution; mais, après avoir commandé : « Pour faire feu, halte! » le chef de peloton s'est aperçu que tous les hommes ne pouvaient pas tirer par-dessus

(1) Rappelons que le commandement de : *Marche!* répété deux fois indique qu'il faut prendre le pas gymnastique (en allemand : *der Trab*, le trot). La longueur de ce pas est de 2 pieds 8 pouces, et sa vitesse de 165 à 170 à la minute. — (*Note du traducteur.*)

la crête. Par suite, au lieu de commander : *à genou*, tout en traversant pour se porter en arrière, il a donné l'ordre : « L'aile gauche deux pas en avant, marche ! » et seulement après que ce mouvement a été exécuté · « A 300 pas ! — En joue ! — Feu ! etc. » Quelques salves ayant été exécutées, j'ai commandé : « Soutiens, cessez « le feu ! et en retraite (1) ! »

« Tirailleurs, feu lent ! »

Les chefs de peloton ont fait d'abord les commandements suivants : « L'arme au repos ! (Désarmez) — « L'arme sur l'épaule ! — Demi-tour ! — Pas de course ! « — Marche, marche ! » — Dans ce mouvement, les chefs de peloton sont restés de pied ferme derrière leurs pelotons, de sorte que la file du milieu a dû leur faire place pour leur permettre de se retrouver ensuite en avant du front du peloton.

Puis ils ont continué par les commandements : « Demi « à droite (ou à gauche) ! — Marche ! — Droit en avant ! « — Front ! — Reposez-vous sur les armes ! »

L'un des soutiens avait à parcourir un sol inégal avec des trous ; il lui a été permis de s'écarter un peu, mais à condition de serrer immédiatement après l'obstacle franchi sur la file de direction ; personne ne devait rester en arrière.

_______

(1) En campagne, on comprend difficilement un pareil commandement du chef de compagnie. Tant qu'on n'aura pas de signal bref pour faire cesser le feu, chaque chef de peloton doit le faire cesser de lui-même, dès qu'il est sûr qu'une salve de plus serait de trop ; ou bien l'on serait obligé de renoncer à l'avantage d'agir sur deux points avec les soutiens. — (*Note de l'auteur.*)

En ce moment on a fait sortir une section d'anciens soldats pour marquer l'ennemi, — chaque file représentant une section. Cette section a été renvoyée en arrière sur la chaussée (vers Meerheim), avec l'ordre de prendre position tout à fait en dehors de la portée du feu.

*Instructions pour l'ennemi marqué.*

Au signal : « Avancez ! » la section ennemie devait s'avancer pour l'attaque, file par file (chaque file représentant une section), le long de la chaussée ; au signal : « Halte ! » la file la plus avancée devait prendre tout de suite position à couvert, faire feu, et être successivement renforcée par celles de derrière. D'autres signaux ont été également convenus pour les mouvements ultérieurs. Au signal : « Avancez lentement ! » on devait s'avancer file par file ; au signal : « Avancez vite ! » tout le monde devait gagner du terrain en avant par bonds successifs ; aux signaux : « Demi à droite ! — Demi à gauche ! » quelques files devaient être jetées à droite ou à gauche derrière un abri.

J'ai secrètement recommandé au chef de détacher encore, *avant* le signal pour *marcher contre la position*, une file vers la ferme dont il a été question ; cette file devait se diriger de là vers le bosquet, l'aile gauche de la position pour le parti opposé.

Puis il a été ordonné : « Le 2e peloton, rassemblez-« vous derrière la position, en laissant un poste d'ob-« servation en arrière ! »

Le chef de peloton a désigné aussitôt l'homme qui devait rester couché sur la hauteur, le plus à l'abri possible, à l'endroit d'où il pouvait le mieux voir de tous les côtés, et a commandé : « Les groupes à 20 pas en « arrière ! — Rassemblement sur le centre ! »

On a expliqué que ce serait une faute de se déployer régulièrement en tirailleurs, tant que l'ennemi n'était pas encore en vue ; seulement, tout devait être préparé de telle sorte que, sur une simple indication, la position fût aussitôt prise sans bruit et à l'insu de l'ennemi. En supposant le terrain du côté de l'adversaire trop difficile à observer, on devait encore envoyer une patrouille en avant pour signaler par un coup de feu tout mouvement d'approche de l'ennemi, après quoi cette patrouille devait se retirer vers une des ailes de la position.

Alors le 2ᵉ peloton a été réuni au soutien, et le 3ᵉ s'est avancé à sa place. Il a relevé la sentinelle d'observation à couvert et a reçu l'ordre de prendre position, à l'approche de l'ennemi, comme il avait déjà été dit (1).

3° DÉFENSE CONTRE UNE ATTAQUE DE LA PART D'UN ENNEMI MARQUÉ. — A ce moment, j'ai fait donner le signal : « Avancez ! » et, dès que la sentinelle d'observation eut crié au chef : « Un détachement ennemi sur

---

(1) Il aurait mieux valu ne faire avec ce peloton que ce qui avait déjà été fait auparavant, et remettre la défense réelle contre un ennemi marqué à un autre jour d'exercice, pour ne pas en faire trop à la fois ; car on pouvait ainsi s'exposer à quelque confusion. Mais il reste si peu de temps pour la pratique de ces exercices, qu'il faut en grouper le plus possible dans un seul et même jour. (*Note de l'auteur.*)

« la chaussée! — A 800 pas! » celui-ci a ordonné :
« La 1re section à droite, la 2e à gauche en po-
« sition ! »

Les sous-officiers et les hommes du 3e peloton avaient
fait bien attention à ce qui avait été précédemment
exécuté; tout le monde a immédiatement pris position
d'une façon très-convenable; pour quelques hommes
seulement, les sous-officiers ont corrigé rapidement et
à voix basse. Lorsque l'ennemi eut gagné du terrain
en avant, file par file, comme il avait été ordonné, le
chef de peloton a commandé, aussitôt la file de devant
arrivée à 400 ou 500 pas : « Feu individuel à 400 pas! »
— J'ai fait tout de suite cesser le feu, et j'ai rappelé au
chef de peloton que l'on ne devait ouvrir le feu au
delà de 300 pas que sur un but de dimensions consi-
dérables. — Pendant ce temps, l'ennemi était arrivé
avec 2 files (représentant 2 sections) à 300 pas; alors,
le chef de peloton a commandé : « Feu rapide! » —
J'ai également empêché d'employer ce genre de feu,
attendu qu'on ne doit pas abuser du feu rapide; on
l'a remplacé par le « Feu de rang! » — Au signal
de : « Halte! » (pour l'ennemi), les files ennemies
ont rapidement pris position en s'abritant le plus
possible.

Le chef de peloton a été ainsi amené à commander
tout de suite : « Cessez le feu! » parce que l'ennemi
n'offrait plus de but favorable au tir. Puis il a donné
l'ordre : « Feu lent! » et l'on n'a dû tirer que sur les
hommes qui pouvaient se montrer à découvert sur la

ligne des tirailleurs ennemis ou en arrière de cette ligne.

Les soldats paraissant surexcités par le bruit du feu, les uns ne se couvrant plus pour charger, les autres se pressant trop pour être prêts à tirer *aussitôt* l'arme chargée, j'ai rappelé « qu'on devait charger tout à fait « à l'abri ; puis attendre ensuite, tout en observant, un « moment favorable pour tirer. »

Au signal : « Demi à gauche ! » (pour l'ennemi), quelques files se sont jetées sur le côté gauche de la chaussée.

Les tirailleurs ont redoublé d'attention, — la moitié environ a pu tirer avant que l'ennemi n'eût pris sa nouvelle position à l'abri ; — ceux qui n'avaient pas tiré ont dû tout de suite replacer l'arme, le commandement : « Feu lent ! » devant d'ailleurs continuer à recevoir son exécution.

Tout à coup, la file détachée à l'aile gauche a envoyé l'avis suivant : « Une section ennemie (marquée par « une file) s'approche de la ferme à gauche ! »

*Ordre :* « Une section du 2ᵉ peloton, occupez le bois « du côté de la ferme ! »

Le chef de peloton a rapidement ordonné à une section de se porter à la hâte et à couvert jusqu'a la lisière du bosquet pour l'occuper.

Le *chef de section* désigné a commandé : « Par le flanc gauche ! — Marche ! » Une fois arrivé à un endroit que l'on ne pouvait franchir sans être vu, il a commandé : « Marche, marche ! » (Si l'on en avait eu le temps, il aurait été plus avantageux de traverser cet espace à l'allure de : « Marche, marche! » file par file, attendu que, de cette façon, l'ennemi n'aurait pas pu reconnaître la force de la section.

Une fois près de la lisière du bosquet, le chef de section a donné l'ordre suivant : « Halte! — Prenez « position! » Les hommes ont alors dû prendre leurs intervalles et se placer de manière à avoir un champ de tir libre en avant d'eux, sans se mettre tout à fait sur la lisière.

Le chef du 3ᵉ peloton a en même temps ordonné à la file de l'aile gauche de tirer à gauche sur la section ennemie, dès qu'elle attaquerait le petit bois.

*Signal* (pour l'ennemi) : « Avancez rapidement! » Les tirailleurs ennemis ont couru en avant de 300 à 200 pas, et se sont de nouveau jetés à terre.

Les *chefs de groupes* (sans attendre l'ordre du chef de peloton) ont commandé : « Feu rapide! » — et, dès que l'ennemi s'est abrité : « Cessez le feu! — Feu lent! »

En même temps, j'ai fait l'avertissement suivant : « Un soutien ennemi qui s'avance sur la chaussée est « visible à 500 pas! » — et j'ai ordonné :

— « Le premier peloton à la chaussée pour fournir « des salves! » Le chef de peloton a commandé immédiatement : « Pas de course! — Marche, marche! — « Demi à droite! — Marche! — Droit en avant! — « Halte pour faire feu! — A 400 pas, joue! — Feu! — « Chargez! »

On a strictement veillé à l'exécution calme et précise du maniement d'armes.

Dans l'intervalle, les chefs de groupes avaient crié aux files qui se trouvaient le plus près d'eux : « Sur le « soutien ! — A 400 pas ! »

Puis, j'ai donné l'ordre :

« La dernière section du 2ᵉ peloton couchée à l'abri, « derrière le centre, pour faire une salve de tirailleurs ! » Le chef de peloton a commandé promptement : « Demi « à gauche ! — Marche, marche ! — Droit en avant ! — « Au pas ! — Couchez-vous ! » — Les hommes se sont couchés derrière la hauteur et ont dû se glisser adroitement assez en avant pour pouvoir tirer par-dessus.

J'ai encore fait donner une fois pour l'ennemi le signal : « Avancez vite ! »

Les *chefs de groupes* ont commandé : « Feu rapide ! »

*Le chef du* 1ᵉʳ *peloton :* « Cran de mire fixe ! — En « joue ! — Feu ! — Chargez ! »

*Le chef du* 2ᵉ *peloton :* « Pour une salve de tirailleurs ! « — Demi à droite ! Apprêtez ! — Joue ! — Feu ! — « Chargez ! »

Je me suis rapidement transporté au 1ᵉʳ peloton : « Baïonnette au canon !... A l'attaque ! Marche, marche ! »

Le chef de peloton, traversant par le milieu, s'est porté en avant du peloton, a levé son épée et a répété : « A l'attaque ! — Marche, marche ! » Les files de tirailleurs les plus voisines, qui n'auraient pas pu tirer, se sont jointes à l'attaque.

Après quelques coups de feu, l'ennemi marqué s'est bien vite retiré devant cette attaque. Le chef de peloton voulait poursuivre ; j'ai fait sonner : « Halte ! » et j'ai rappelé que toute pointe en avant d'une position ne devait être poussée qu'à très-peu de distance, et qu'il fallait se contenter de poursuivre l'ennemi de ses feux, jusqu'à ce qu'il fût expressément ordonné de s'élancer à sa poursuite.

Mais afin de faire voir, pour finir, comment doit s'exécuter la poursuite après une attaque repoussée, le premier peloton a reçu l'ordre de suivre l'ennemi, dès qu'il a été hors de la portée du feu. Le chef voulait former une pointe; je ne le lui ai pas permis.

Une section, déployée le long de la chaussée, a dû poursuivre vivement l'ennemi, avec la consigne de prendre position pour faire feu dès que l'arrière-garde ennemie ferait mine de s'arrêter.

Une patrouille a été détachée vers la ferme de gauche, où la file ennemie avait commis la faute de ne pas se mettre en retraite assez à temps; le reste du peloton a suivi à rangs serrés, par le flanc, à environ 150 pas de distance. — J'ai donné l'ordre au gros de la compagnie de suivre cette avant-garde à la distance ordinaire.

Les chefs de peloton ont promptement amené près de la chaussée leurs pelotons rompus par sections à droite, et se sont mis immédiatement en marche, sur l'ordre du plus ancien. Pendant la marche, les détachés se sont bientôt réunis aux pelotons. Quand tout le monde a été en marche en bon ordre, j'ai fait sonner : « Halte! »

L'ennemi s'est arrêté et a pris position; en face de

lui s'est arrêtée la section de poursuite que le chef de peloton a fait aussitôt renforcer par l'avant-garde. La compagnie a fait halte et s'est mise à l'abri. J'ai approuvé la résolution et l'initiative du chef du 1er peloton, à qui était venue à propos l'idée très-juste d'obliger tout de suite, avec des forces suffisantes, l'ennemi à se retirer plus loin.

J'ai fait ensuite donner le signal de « Rassemblement ! » et j'ai fait reformer toute la compagnie en avant, près de la section ennemie, dans le même ordre qu'au départ ; on a déchargé les armes et on a formé les faisceaux.

En ce qui concerne toute la dernière partie de l'exercice qui, à vrai dire, n'est autre chose qu'un exercice sur le terrain avec un ennemi marqué, je dois reconnaître qu'il m'aurait fallu au moins trois fois autant de temps pour faire tout exécuter comme je l'aurais voulu, si je n'avais pas déjà, pendant la période des exercices de la compagnie sur la grande place d'exercices, profité des accidents de terrain pour habituer les subdivisions séparées à entrer en ligne, rapidement et habilement, dans le pêle-mêle du combat offensif et défensif. — Je m'étais moi-même habitué ainsi à commander d'une manière précise, et j'avais dressé les chefs en sous-ordre à comprendre mes volontés et à les exécuter rapidement.

Il était onze heures. Pour pratiquer l'appréciation des distances pendant le retour, j'ai envoyé en avant un peloton sur la chaussée ; ce peloton devait compter les pas, laisser un homme tous les 100 pas, et faire face au détachement, à 300 pas pour le reste d'une de ses sections, et à 600 pas pour le reste de l'autre. On a fait des remarques particulières aux diverses distances; puis le peloton envoyé en avant s'est peu à peu reformé; et, à partir de ce moment, les distances ont été seulement estimées et comptées au pas sur la chaussée au moyen d'objets marqués.

# DEUXIÈME MATINÉE

*Le ..... mai 18.. (voir fig. 2). Jour de travail.* — Il ne restait à la compagnie que les sous-officiers, les gefreite, et, dans chaque escouade, les 4 hommes qui devaient être dressés au service de chefs de patrouilles.

*Départ* à six heures et demie ; on a formé 3 sections de 8 hommes ; chaque section a reçu un paquet de cartouches, et le détachement s'est dirigé vers un faubourg, d'où plusieurs chemins conduisaient dans la campagne.

Au bout du faubourg se trouvaient plusieurs maisons isolées, et, à des distances assez régulières, des fermes entourées de jardins, de haies et de murs. Près des chemins, des terrains vagues, avec des bas-fonds, des tas de tuiles, etc., etc. Les chemins conduisaient à un village voisin, N., derrière lequel est un moulin à vent.

Le but de l'exercice était d'apprendre aux groupes et hommes détachés la conduite à tenir en patrouillant *l'un contre l'autre*, surtout dans les cas simples dont voici l'énumération :

1° *Marche en avant* l'un contre l'autre jusqu'à ce qu'on se rencontre, surtout pour habituer les détachés à se *relier entre eux* sur un terrain ne permettant pas de voir au loin ;

2° Conduite à tenir dans le cas où un coup de feu

part comme signal sur un point quelconque, pour indiquer qu'on s'est heurté à un ennemi qui s'avance;

3° Manière *d'annoncer* ce qu'on a vu, tout en continuant ensuite à observer ;

4° *Retraite* exécutée par les détachés, et combinée de telle sorte qu'à la fin ils disparaissent entièrement;

5° *Poursuite* des détachés ennemis jusqu'à une coupure de terrain déterminée ;

6° *Cessation* de la poursuite, autant que possible sans que l'ennemi s'en aperçoive, et retour à la position primitive.

Disposition. — *Détachement A.* — Au point X, un sous-officier A a été laissé avec 16 hommes et quelques jeunes sous-officiers et gefreite; on lui a donné les instructions suivantes :

« *A sept heures précises, le détachement s'avancera* « *dans la direction du village N, pour prendre posi-* « *tion à la lisière opposée de ce village et couvrir ainsi* « *le placement de petits postes (supposés) aux issues* « *du faubourg.*

« *Si le détachement était empéché de se porter en* « *avant par un parti ennemi, il occuperait la sortie* « *du faubourg.* »

*Détachement B.* — Avec les autres sous-officiers, gefreite et 8 hommes, je me suis porté en avant sur la route qui conduit directement à N, jusqu'à la ferme Y; et, après avoir arrêté le détachement en lui faisant faire face au faubourg, j'ai donné au sous-officier B les instructions suivantes :

« *Je suppose que vous êtes une patrouille de recon-*

« *naissance envoyée au delà du village N, dans la*
« *direction du faubourg. Arrivé à la ferme Y, vous*
« *apprenez que des patrouilles ennemies se sont déjà*
« *montrées dans les faubourgs. Il faut que vous vous*
« *procuriez des renseignements plus détaillés et plus*
« *précis sur la force et les intentions de l'ennemi.* »

Le sous-officier B, encore peu habitué à remplir des missions spéciales, me regardait avec quelque perplexité. Les sous-officiers inexpérimentés sont facilement portés à croire qu'on leur tend un piége, et plus il leur semble difficile de déduire rapidement, des instructions reçues et des conditions de terrain données, les mesures nécessaires à prendre, plus ils croient être forcés de *deviner* ce que désire le supérieur.

*Instructions pour le sous-officier B.*

Je suis venu à son secours. Je lui ai rapidement montré les trois seuls chemins par lesquels l'ennemi pouvait arriver. Il devait donc envoyer promptement des patrouilles composées chacune d'un gefreite et de deux hommes vers Y¹, Y² et Y³; et ces patrouilles, à couvert derrière des postes d'observation, devaient surveiller les trois routes.

La première qui découvrirait un détachement ennemi tirerait un coup de fusil comme signal, et en ferait donner avis.

Lui-même, le sous-officier, devait prendre position un peu en avant avec les deux hommes qui lui restaient, pour recueillir les patrouilles, dans le cas où elles seraient forcées de se retirer.

Le sous-officier B a bien vite désigné les patrouilles, leur a indiqué les points d'où elles devaient observer, et a ordonné de ne tirer sur les patrouilles ennemies que si elles s'approchaient trop, mais de lâcher un coup de fusil comme signal dès qu'on apercevrait un détachement.

Quand j'ai vu que j'étais bien compris, je suis revenu tout de suite au détachement A, que j'ai trouvé déjà en marche.

### *Marche en avant du détachement A.*

Le sous-officier A avait seulement envoyé en avant une pointe de trois hommes, et il suivait environ à 50 pas derrière avec le reste de son détachement formé en colonne par sections.

Je l'ai arrêté aussitôt. J'ai reconnu qu'en agissant ainsi il avait eu l'intention de ne pas s'éparpiller; mais, sur un terrain qui ne permet pas de voir au loin, c'est un inconvénient auquel on ne peut échapper. A vrai dire, une patrouille ennemie, qui apparaît à l'improviste sur le flanc de *faibles* portions de troupes, peut très-bien être un danger; en tout cas, c'est une gêne pour ces subdivisions. Mais par contre, des hommes détachés à droite et à gauche, pourvu qu'ils restent en communication avec le gros de la subdivision à laquelle ils appartiennent, peuvent toujours découvrir bien autre chose que ce que peut voir la pointe, en ce qui concerne l'ennemi et le terrain

J'ai donc fait détacher deux hommes comme coureurs de côté à droite et à gauche, et je leur ai moi-même, vu le peu de temps dont nous disposions, fait les recommandations suivantes :

« Allez sur le chemin latéral de droite (ou de gauche)

« en suivant rapidement la chaussée jusqu'à la sortie
« du faubourg ; et, si vous ne rencontrez pas l'ennemi,
« continuez à marcher, en vous tenant en communi-
« cation avec la pointe, vers l'issue du village N qui
« se trouve devant vous, jusqu'à la lisière opposée.

« Si vous rencontrez l'ennemi avant d'y arriver,
« observez-le, et donnez-en promptement avis; ne tirez
« de coup de fusil comme signal que si vous remarquez
« l'approche d'un détachement ennemi » (1).

Les détachés ont dû retourner jusqu'à l'angle le plus
rapproché, pour pouvoir se rendre à droite et à gauche
vers les chemins indiqués.

(1) Autant il est *nécessaire*, à la guerre, lorsqu'on ne sait pas
jusqu'à quel point les hommes ont été dressés à ce service, de
donner aux détachés des instructions toutes *spéciales* et bien
*claires* sur la conduite à tenir, autant il est *désirable* qu'il puisse
suffire de leur donner tout simplement l'*ordre* suivant : « En
« avant comme coureurs de droite ou de gauche (ou comme
« *patrouille*) jusqu'à tel ou tel point du terrain (désigné d'avance). »
Pour cela, il importe de leur apprendre la *conduite à tenir* suivant
les cas particuliers, aussi bien en les exerçant à la pratique
qu'en s'appesantissant, dans les heures consacrées aux théories,
sur les principes suivants :

1° Tant qu'on n'a encore rien découvert au sujet de l'ennemi :
« *Observer* attentivement de tous les côtés, et se tenir en *com-*
« *munication* avec la pointe pendant la marche en avant. »

2° Si l'on voit l'ennemi *prendre position au loin* ou *faire un
mouvement :*
« Observer en se cachant, puis donner avis. »

3° Si l'ennemi s'avance : « Un coup de feu comme signal. »

4° Si l'on aperçoit une patrouille ennemie devant soi :
« Attendre à couvert, pour voir si elle ne se mettra pas en
« retraite d'elle-même en remarquant que les autres groupes
« détachés s'avancent contre elle, — et alors la suivre ; — ou bien :
« Attaquer *tout à coup* avec audace. » — (*Note de l'auteur.*)

Pendant ce temps, j'ai fait former le soutien par le flanc tout contre une des rangées de maisons; j'ai fait porter un homme de la pointe à droite, un autre à gauche, également contre les maisons; de même pour l'homme chargé de maintenir les communications, près duquel a dû marcher le sous-officier A. Le sous-officier le plus ancien après lui est resté à la tête du soutien.

Et un instant après, j'ai fait remettre la pointe en route; le soutien ne devait suivre qu'à 100 pas.

*Conduite de la pointe de l'avant-garde à l'apparition d'un homme ennemi.*

Bientôt la pointe s'est arrêtée; un ennemi avait été aperçu à Y²; l'homme de communication l'a fait voir au sous-officier. J'ai demandé à ce dernier ce qu'il pensait faire. Le sous-officier A m'a dit qu'il allait faire déployer en tirailleurs.

Je lui ai observé qu'en déployant ses hommes sur la route il s'exposerait à des pertes plus grandes que s'il renforçait la pointe de deux files, qui courraient en avant jusqu'à la maison isolée X¹, pour, de là, ouvrir le feu.

Il a alors crié en arrière: « Deux files en avant! Marche, marche! » et quand elles ont été à portée: « Rejoignez la pointe à la maison isolée à droite! Marche, marche! »

Pendant que ces files couraient en avant, l'ennemi a tiré un coup de fusil; — deux hommes voulaient s'arrêter pour faire feu; on le leur a formellement défendu, et on a menacé de punir si, à l'avenir, un ordre expressément donné n'était pas ponctuellement exécuté.

Une fois la maison X¹ occupée, l'ennemi s'était promptement retiré jusqu'à Y⁴, et on ne pouvait plus le voir de X¹; j'ai remarqué que l'avertissement donné précédemment empêchait seul les hommes de le poursuivre d'eux-mêmes. Mais le sous-officier, rapidement arrivé près d'eux, a commandé:

« La pointe en avant à la ferme de gauche! Les au- « tres hommes, attendez le soutien!...» Ce dernier avait continué sa marche, son chef en tête, et était signalé 'tout près de là.

Le sous-officier A s'est alors rendu à la pointe pour observer les environs de Y².

En même temps, j'ai galopé en avant pour me rendre compte de ce qui se passait, et j'ai fait sonner : « Halte! » afin d'examiner ce qui avait été fait (la première partie de l'exercice). Puis j'ai fait rassembler tous les hommes, à l'exception des détachés, près de Y⁴.

*Théorie sur la première partie de l'exercice.*

Je me suis d'abord occupé de la mission du sous-officier B; j'ai appelé l'attention sur les trois chemins qui conduisaient dans le faubourg, et j'ai montré comment les trois patrouilles avaient été disposées de manière à observer les rues du faubourg et à pouvoir en même temps ne pas se perdre de vue. J'ai fait voir ensuite comment le signal donné à propos par un coup de fusil avait à la fois averti les patrouilles d'Y¹ et d'Y³ qu'un détachement ennemi se portait en avant, de telle sorte qu'elles auraient pu prendre leurs mesures pour ne pas se laisser couper. En Y³, la patrouille n'aurait pas dû continuer à rester de pied ferme, une fois la patrouille voisine reculée jusqu'à Y⁴. Elle aurait dû se coucher à 200 pas environ en arrière.

J'ai passé ensuite en revue la mission du sous-officier A, qui consistait à gagner du terrain en avant, avec précaution, mais résolûment cependant, et à ne pas se laisser arrêter par de petites patrouilles. Le plus important pour lui était d'atteindre la lisière du faubourg, afin de pouvoir surveiller le terrain en avant.

Les détachés de droite et de gauche, qu'on ne voyait pas encore, auraient dû surtout se hâter d'arriver à la sortie du faubourg pour établir ainsi leurs communications entre eux et leur subdivision.

*Conduite à tenir par les détachés au signal d'un coup de fusil.*

J'ai donné en même temps les instructions nécessaires, quant à la conduite à tenir par les détachés, pour le cas où, sur un point de la ligne, ils entendraient un ou plusieurs coups de feu.

Les détachés doivent *voir*, et voir *juste*, afin de pouvoir transmettre des avis *exacts*.

S'ils sont *inquiets*, ils voient faux ou se hâtent trop d'avertir.

S'ils *craignent* à tort d'être *coupés*, il en résulte, même en temps de paix, que les hommes d'une patrouille restent tellement serrés l'un contre l'autre que trois hommes ne voient pas plus qu'un seul. Ils s'exposent justement ainsi au danger d'être surpris d'un côté, surtout s'ils ne peuvent pas observer le terrain environnant.

De toute l'instruction des détachés, le plus important est donc ceci :

Dans la *marche en avant* sur un terrain qui ne permet pas de voir partout aux environs, un ou deux hommes doivent se transporter vivement d'un point d'observation à l'autre, tandis que le troisième couvre les derrières contre les surprises.

Et dans les *haltes*, surtout si l'approche de l'ennemi est signalée par *un coup de feu*, un homme au moins doit chercher à gagner en avant ou sur le côté un point d'où il puisse bien voir autour de lui, de préférence du côté où le coup de feu est parti.

Aussi, était-ce une faute de la part des coureurs latéraux du sous-officier A, qu'on n'apercevait pas encore, de n'avoir pas cherché à gagner, aussitôt le coup de feu entendu, la sortie du faubourg pour être à même d'observer les environs, et pour se mettre ainsi en relation avec leur pointe.

Même le signal de : « Halte ! » n'aurait pas dû les empêcher de faire encore les quelques pas qui les séparaient du point d'où ils pouvaient voir ; car une patrouille ne doit jamais s'arrêter à un endroit d'où elle ne peut pas observer autour d'elle.

J'ai ordonné par suite à un sous-officier d'aller vers la chaussée pour disposer les coureurs de gauche en $X^2$, et leur recommander de donner avis de ce qu'ils pourraient voir de ce point. Moi-même, j'ai été placer les coureurs de droite. Le reste des hommes devait prendre position, et au signal : « Avancez ! » continuer à exécuter les mouvements qui pourraient devenir nécessaires.

Avant de partir, j'ai encore prévenu le sous-officier B qu'il n'avait qu'à prendre maintenant ses dispositions pour continuer à battre en retraite, mais qu'auparavant il devait avertir ses détachés d'avoir à lui annoncer tout ce qu'ils pourraient voir, des ordres ultérieurs devant d'ailleurs leur être transmis par les porteurs de nouvelles.

J'ai galopé alors jusqu'à la patrouille $Y^3$, à laquelle j'ai fait remarquer sa faute, et que j'ai portée en arrière jusqu'à $Y^5$, derrière un petit abri; puis j'ai cherché les coureurs de droite qui, à la sonnerie de : « Halte ! » s'étaient tout simplement arrêtés, sans s'abriter et sans chercher à voir autour d'eux.

Je leur ai prescrit de se porter en avant jusqu'à ce qu'ils pussent observer les environs. Ils ont d'eux-mêmes trouvé une position favorable en $X^3$. Mais, comme de cet endroit, ils ne voyaient encore rien de leur propre pointe, et qu'ils ne pouvaient apercevoir que les patrouilles ennemies postées en $Y^3$ et $Y^4$, je leur ai demandé de quelle manière ils rétabliraient leurs communications avec la pointe, et comment ils lui transmettraient un avis.

Ils n'ont pas su proposer autre chose qu'un long détour en arrière.

Je leur ai montré comment, en envoyant un homme en avant jusqu'à l'angle gauche de la ferme $Y^3$, ils auraient des chances de découvrir la position de la pointe, et je leur ai expliqué comment, en guerre, le plus court chemin pour transmettre des nouvelles est à travers les jardins et les fermes, ce qu'on indique en temps de paix en faisant marcher en dehors et le long des clôtures l'homme chargé de ces nouvelles. Je leur ai commandé d'envoyer avertir et demander de nouveaux ordres.

Puis je me suis dirigé vers $Y^2$, où les deux hommes de la pointe s'étaient placés très à propos à chacun des coins de la partie de la palissade tournée vers l'ennemi ; le sous-officier A se tenait à l'angle de la maison ; son soutien en $X^1$, le chef de ce soutien un peu en avant, de manière à voir le plus possible.

Le sous-officier B était à couvert avec deux hommes en Y ; ses patrouilles en $Y^1$, $Y^4$, $Y^5$.

*Conduite à tenir pour la transmission des nouvelles.*

J'ai ensuite averti que tous les groupes détachés eussent à envoyer des nouvelles, et j'ai fait donner le signal : « Avancez! »

L'homme de la pointe à droite de la route est aussitôt venu, au port d'armes, vers le sous-officier A sur la route ; — un coup de feu est parti de $Y^4$.

J'ai fait immédiatement sonner: « Halte! » et j'ai crié assez haut pour être entendu de tous les détachés :

« Les avis doivent être transmis de la place où l'on
« est par *un cri*, ou bien être envoyés *à couvert* et
« *sans que l'ennemi s'en aperçoive* (1). »

(1) Il est si important d'être prudent et circonspect en transmettant les nouvelles, qu'il faut y habituer les hommes et les y forcer par tous les moyens possibles.

Si l'on admet qu'on puisse, en temps de paix, dans le voisinage très-rapproché de l'ennemi, porter des avis *sans se couvrir,*

Puis j'ai commandé de nouveau : « Avancez ! »

L'homme de la pointe est alors resté immobile et à couvert, et il a crié en arrière : « M. le sous-officier ! »

— « Hé bien ? »

— « Une patrouille ennemie est en avant de nous ; en « arrière, il y a une troupe dont la force ne peut être esti-« mée ; à droite et à gauche, il y a d'autres patrouilles ! »

— « Bien !... Continuez à observer ! »

Le sous-officier a fait signe à la troupe d'approcher. Je lui ai demandé s'il avait l'intention d'attaquer.

— « Oui, certes, pour m'emparer de la ferme la plus « voisine ! »

— « N'y a-t-il pas des chances plus sûres de succès « par un autre chemin ? »

Le sous-officier m'a regardé et a reconnu tout de suite que le chemin conduisant à gauche vers $X^2$ lui offrait des avantages. A la maison $Y^2$, il a rapidement fait prendre à la troupe le chemin de $X^2$, et a crié à la pointe : « Si « l'ennemi se retire, la pointe et les coureurs de droite le « suivront jusqu'au village N ! J'avance sur la chaussée ! »

et si l'on ne veille, dans ce cas, qu'au maintien rigide de celui qui les apporte, on ne forme pas des gens capables d'avertir d'une façon intelligente ; et, dès qu'on sera à la manœuvre, les avis *éprouveront des retards,* non-seulement parce que les hommes viendront à leur aise, mais aussi parce que chacun remarquera qu'en quittant son *abri* pour porter des nouvelles, il s'expose au feu de l'ennemi. — Au contraire, celui qui dresse *convenablement* sa troupe à la transmission des nouvelles, doit aussi bien faire comprendre à ses hommes combien sont nécessaires les renseignements envoyés par les détachés *au moment où ils rencontrent l'ennemi,* et comment *c'est le seul moyen* pour eux de recevoir toujours à temps de nouveaux ordres. — (*Note de l'auteur.*)

— 44 —

Sur le chemin, il a rencontré l'envoyé de X² qui lui apportait la nouvelle suivante :

*Des coureurs de gauche!* « Une patrouille en avant « de nous près de la chaussée ; une seconde patrouille « près d'une ferme à droite, et en arrière un sous- « officier avec deux hommes seulement, du moins à ce « que nous pouvons voir. »

— « Bien ! Je viens pour culbuter les patrouilles sur « la chaussée! »

Si le sous-officier avait été prévenu plus tôt qu'il n'y avait en face de lui que des forces peu nombreuses, il aurait sans doute pu éviter le détour et attaquer directement.

L'envoyé de X³, qui, pendant ce temps, était arrivé dans le voisinage de Y², voulait courir après le sous-officier ; mais l'homme de la pointe l'a vu à temps et lui a crié : « Le sous-officier va attaquer sur la chaus- « sée ; nous devons suivre l'ennemi jusqu'à N s'il se « retire devant nous ! »

*Avis et ordres pour le détachement du sous-officier B.*

Dans l'intervalle, j'avais vu que des porteurs de nouvelles étaient aussi allés trouver le sous-officier B ; ils ne pouvaient marcher à couvert, mais ils se trouvaient en dehors de la portée efficace du feu ennemi.

J'ai rapidement poussé jusque-là. L'envoyé de Y⁵ était déjà reparti avec l'ordre de ramener la patrouille au sous-officier (le terrain étant découvert de ce côté).

A la patrouille de Y⁴ (les trois patrouilles ennemies et une section placée derrière la patrouille du centre, sur le chemin de N, avaient envoyé des nouvelles) on avait dit que, le sous-officier se retirant sur N, la patrouille devait former l'arrière-garde.

A l'envoyé de $Y^1$, qui n'avait vu qu'une patrouille en $X^2$, sur la chaussée, on avait communiqué qu'un petit détachement ennemi s'avançait sur le chemin conduisant directement à N; la patrouille devait également rejoindre le sous-officier en retraite sur N.

Cet envoyé, en route pour retourner à sa patrouille, a remarqué, en regardant attentivement autour de lui, le mouvement du détachement de $Y^2$ vers $X^2$; aussitôt il a crié au sous-officier B:

— « M. le sous-officier !... Le détachement ennemi « marche vers la chaussée ! »

Le sous-officier, observant les alentours, a lui-même remarqué ce mouvement; en même temps, la nouvelle lui en est arrivée de $Y^4$.

Il a immédiatement donné l'ordre suivant : « La « patrouille de droite, en retraite par la chaussée, vers « l'issue de N, pour couvrir mon flanc droit ! »

L'envoyé s'est hâté de regagner $Y^1$, où un homme était resté debout tout contre la chaussée derrière la ferme, tandis que le chef se tenait à couvert plus en avant, pour mieux voir autour de lui.

*Retraite de la patrouille du sous-officier B.*

Le sous-officier B s'est aussitôt mis en retraite avec ses deux hommes, sans attendre la patrouille de gauche, afin d'arriver à temps à la sortie du village N. La patrouille de $Y^5$, le suivant au pas de course, l'a bientôt rejoint.

Dès qu'il a eu une certaine avance, la patrouille Y⁴ l'a suivi comme arrière-garde.

A Y¹, l'envoyé qui revenait a donné un coup de sifflet et a fait signe au chef de battre en retraite ; puis il lui a communiqué l'ordre donné ci-dessus, et la patrouille s'est aussi retirée des deux côtés de la chaussée.

En apercevant la retraite, les détachés du sous-officier A se sont rapidement avancés jusqu'aux positions abandonnées, et voulaient poursuivre plus loin. Le sous-officier A a mis son détachement au pas de course pour gagner de l'avance sur le détachement du sous-officier B, qui se retirait. J'ai fait sonner : « Halte! » Les détachés se sont arrêtés tous ensemble là où ils se trouvaient ; cependant quelques hommes ont au moins pensé à s'embusquer contre une maison ou derrière un arbre.

*Conduite de l'arrière-garde du sous-officier B pendant la retraite.*

J'ai tout d'abord rectifié la position de l'arrière-garde du sous-officier B.

Je lui ai fait voir comment, en continuant à battre en retraite sans s'arrêter, elle permettait à l'ennemi engagé à la poursuite, d'atteindre, pour peu qu'il se hâtât, la ferme Y assez tôt pour couvrir de ses projectiles, même le détachement du sous-officier B.

Pour l'en empêcher, un homme aurait dû dès le principe rester posté à Y¹, et faire feu dès que l'ennemi aurait voulu poursuivre. Les deux autres auraient rapidement pris position à l'abri en Y, pour tirer également dans le cas d'une poursuite rapide de la part de l'ennemi. Le premier se serait ensuite porté en arrière en courant jusque derrière la ferme, pour s'y tenir jusqu'à ce que les deux autres se fussent établis de nouveau, à 200 mètres de cette ferme, derrière des arbres ou de petites élévations de terrain.

La retraite se continuant ainsi, l'ennemi n'aurait jamais osé poursuivre d'aussi près.

J'ai fait encore une fois revenir les patrouilles dans les anciennes positions qu'elles occupaient de ce côté, et j'ai crié bien haut que *tous les hommes* eussent à regarder et à observer comment une patrouille devait se retirer devant l'ennemi.

Il a été facile de reconnaître que l'homme arrêté en $Y^4$ empêchait la patrouille $Y^2$ de s'avancer immédiatement. Par contre, les coureurs de droite ont pu, sans être gênés, arriver jusqu'à $Y^5$, et ils cherchaient même à courir plus en avant pour couper l'arrière-garde. Un coup de feu parti de $Y$ les a forcés à s'arrêter, et l'homme de $Y^4$ ayant couru jusqu'à $Y^6$, et ayant également, de ce point, lâché un coup de fusil contre eux, on a pu se convaincre que les trois hommes de l'arrière-garde suffisaient parfaitement, dans de bonnes positions, pour tenir en échec les cinq hommes de l'ennemi, quoique naturellement la ferme $Y^4$ eût été occupée sans retard par la patrouille $Y^2$.

J'ai fait alors sonner pour tout le monde : « Avancez ! » Ayant vu que l'arrière-garde se sentait par le fait tellement en sûreté qu'elle voulait demeurer encore plus longtemps de pied ferme, j'ai dû lui rappeler que.

comme arrière-garde, elle ne devait pas s'attarder trop
loin de son détachement.

Elle a continué sa retraite comme je l'avais ordonné,
et le sous-officier B a pu atteindre N sans être inquiété,
et prendre position à la sortie de ce village pour recueillir son arrière-garde.

*Conduite à tenir dans la poursuite.*

Dans l'intervalle, le sous-officier A, avec son détachement, avait essayé la manœuvre si fréquemment pratiquée
dans les exercices de paix, et qui consistait à atteindre,
au moyen d'une longue course, le village N, autant que
possible en même temps que les détachés en retraite.

Mais la patrouille de droite du sous-officier B s'étant
très-habilement postée près de la chaussée, à 250 pas
environ des fermes précédemment occupées (près de Y'),
le détachement a essuyé plusieurs coups de feu à bonne
distance pendant sa marche en avant; je lui ai prescrit
de s'arrêter, et lui ai fait prendre position à l'abri des
maisons.

J'ai fait remarquer au sous-officier combien il était
désavantageux pour lui de suivre en ordre massé cette
faible patrouille, tandis que quelques files envoyées à
la lisière de la ferme auraient forcé par leur feu, et en
très-peu de temps, les trois hommes à continuer rapidement leur retraite.

C'est ce qui a été fait. La patrouille s'est dépêchée
de gagner l'issue de N, en laissant cependant toujours,
comme je l'avais précédemment indiqué, un homme au
moins de pied ferme, tandis que les autres couraient en

arrière ; cet homme suivait promptement le mouvement dès que les autres s'arrêtaient.

Le sous-officier A a poursuivi alors, mais seulement par bonds successifs et avec trois files déployées, pendant que le reste du soutien venait derrière à une certaine distance.

Les issues du village N offraient au détachement du sous-officier B des positions si avantageuses (on ne pouvait les aborder qu'en suivant les chemins) que tout son monde s'y est arrêté, et que j'ai donné au sous-officier A, qui ne pouvait savoir ce qu'il y avait dans le village, l'ordre suivant: « S'assurer tout d'abord, « en renforçant prudemment et peu à peu les tirailleurs, que la patrouille n'a pas reçu de renforts. Ne « tenter un assaut que lorsqu'on sera sûr qu'il n'en est « rien ! »

Puis je me suis rendu au détachement B, et j'ai commandé au sous-officier de tâcher de disparaître entièrement sans être remarqué.

*Disparition d'un détachement en retraite.*

Il a regardé rapidement autour de lui, et a commandé :

« Que tout le monde se porte en se baissant derrière l'angle le plus rapproché ! » Naturellement, l'ensemble du mouvement pouvait être vu. Aussi lui ai-je dit de renvoyer tout de suite en arrière-garde deux hommes à la place précédemment occupée, pour faire croire au moins à l'ennemi que les autres étaient tout simplement en soutien derrière l'angle.

Cette précaution a parfaitement suffi pour tromper l'ennemi.

Le sous-officier B était déjà en route vers le moulin, et l'arrière-garde derrière le premier angle, ses deux hommes l'un derrière l'autre, que les détachés de l'ennemi attendaient encore pour savoir s'il n'allait pas apparaître tout à coup, n'osant pas se porter en avant dans la crainte d'un piége.

Ce n'a été que lorsque le sous-officier A, avec son détachement, eut culbuté, par une attaque subite, la patrouille qui lui était opposée, que ses hommes se sont élancés vers le village, et qu'ils ont pu se convaincre que l'ennemi l'avait déjà abandonné.

L'ancienne pointe s'est d'abord avancée jusqu'à l'angle des rues seulement, tandis que les coureurs de droite se portaient vers l'autre issue.

A ce moment, j'ai fait remarquer que le sous-officier B avait commis une faute en n'avertissant pas sa patrouille d'arrière-garde qu'il battait en retraite. Elle aurait presque été prise, si elle n'avait pas enfilé à la hâte un chemin latéral pour se retirer sur le moulin.

On a en même temps averti le sous-officier A que le village était déjà évacué, et il a fait donner aux détachés, par ceux qui lui transmettaient cet avis, l'ordre de s'établir en poste d'observation à la lisière du côté opposé. Avec le soutien, il a pris position à l'abri à la croisée des chemins sur la route principale.

Je lui ai encore fait remarquer que, dans ce cas, à la guerre, il aurait à désigner tout de suite quelques hommes qui fouilleraient minutieusement le village et rechercheraient les blessés ou les hommes laissés en arrière.

De plus, je lui ai donné l'ordre de se retirer, autant que possible sans être vu, dès qu'il aurait reçu des nouvelles au sujet de la position de l'ennemi.

*Le détachement A doit se retirer sans être vu.*

Je lui ai recommandé, dans ce but, de rappeler d'abord à lui les hommes détachés sur le côté, et de ne faire suivre que plus tard les trois hommes du centre, comme arrière-garde.

Puis je me suis dirigé vers le moulin, pour voir ce qu'on avait remarqué de ce côté.

La retraite des détachés ennemis de droite et de gauche avait naturellement été aperçue et annoncée immédiatement. Mais comme on voyait toujours deux hommes à la sortie du centre, le sous-officier B ne pouvait pas savoir par le fait si le détachement A s'était mis en retraite.

Ce n'est que lorsque ces deux derniers hommes se sont retirés à la fois, d'une façon maladroite, qu'il n'est plus resté aucun doute.

En pareil cas, si la ruse doit se continuer plus longtemps, ou bien un homme seul peut d'abord courir en arrière, comme s'il voulait transmettre une nouvelle, et l'autre suit un peu plus tard; ou bien, si le terrain permet une retraite tout à fait à couvert, les deux hommes, avant de disparaître, doivent se coucher et se montrer alternativement une couple de fois, de telle sorte que l'ennemi, quand ils ont réellement disparu, reste encore un moment à se demander s'ils ne vont pas réapparaître une autre fois.

J'ai alors fait sonner le *rassemblement pour tout le monde*, afin d'examiner encore comment ces derniers mouvements avaient été exécutés, et la manœuvre a pris fin.

Il m'était impossible de me le dissimuler : ce simple exercice m'avait prouvé combien peu d'hommes et même de sous-officiers sont au fait de la conduite qu'ils doivent tenir quand on les charge d'agir *par eux-mêmes*. A vrai dire, c'est là le plus difficile, et l'on ne peut guère réussir à y amener que *les plus capables*.

L'important surtout, c'est : 1° d'exercer les *sous-officiers* à donner *aux détachés* des instructions rapides, claires, précises, et à toujours rester en contact avec eux au moyen des avis transmis, des avertissements verbaux et des ordres donnés à propos ; 2° d'apprendre aux détachés eux-mêmes à reconnaître promptement les vrais points où il faut prendre position, à conserver de l'un à l'autre leurs relations, soit en s'appelant, soit en s'observant mutuellement, enfin à se tenir en communication avec le détachement en lui dépêchant des nouvelles et en lui demandant des ordres.

Quant à ce qui concerne la rencontre avec l'ennemi, comme on a rarement le temps de donner alors de longues instructions ou d'envoyer des avertissements, il faut abandonner fréquemment les hommes à leur propre intelligence. Déjà l'exemple précédent a montré comment une patrouille qui avait été oubliée avait dû d'elle-même trouver un chemin pour effectuer sa retraite. Quand, à la suite de pareilles circonstances, les patrouilles ont tout d'abord appris par expérience comment elles peuvent se tirer d'affaire toutes seules, et comment elles doivent le plus souvent se dérober à l'ennemi en profitant habilement des accidents de terrain, — cette expérience est pour elles la meilleure des leçons.

Pour faire naître plus souvent de semblables occasions, il me suffit de disposer fréquemment, à moitié à l'abri, sur un terrain approprié au but que je me propose, des patrouilles séparées, et de faire avancer contre elles de petits détachements. De cette façon, les chefs de patrouilles se trouvent mis à même de voir comment ils peuvent créer des embarras à l'adversaire, tantôt en se retirant rapidement tous à la fois, tantôt en se soutenant réciproquement, tantôt en disparaissant peu à peu ; et c'est ainsi que les natures *intelligentes* apprennent bien vite à juger exactement de la conduite à tenir ; quant à ceux dont l'intelligence est moins développée, ils ne l'apprendront jamais.

Mais si je négligeais de pratiquer ce genre d'exercices, les gens les plus intelligents eux-mêmes ne sauraient pas se tirer d'affaire dans les cas où ils peuvent se trouver tout à coup réduits à agir par eux-mêmes. On ne verrait plus qu'une chose : les trois hommes d'une patrouille restant le plus près possible l'un de l'autre, et se laissant remarquer même de loin.

# PREMIÈRE APRÈS-MIDI

*Le...... mai, après midi.* — A peu de distance de la caserne, se trouvait un terrain vague, en friches, avec quelques murs de clôture, une pièce de terre retournée, et des champs propres au jardinage, mais à peu près incultes et couverts de broussailles ; ce terrain m'offrait l'occasion de faire l'exercice de tirailleurs pendant une heure ou deux. Dans le voisinage, il y avait des maisons et des jardins.

*Exercices de détail ayant pour objet de conduire les groupes isolés d'une position à l'autre.*

Il m'a surtout paru important de recommencer sans cesse à exercer les chefs de groupe à conduire, vite et bien, leurs groupes d'une position couverte à l'autre, au moyen de commandements déterminés.

1° *Par le flanc.* — Par exemple, après avoir crié au chef de groupe : « Le groupe en avant jusqu'à la ferme ! » j'ai tenu à ce qu'il commandât, pour peu que le terrain lui parût favorable : « Placez-vous par le flanc droit ! (ou gauche). — Marche, marche ! » et à ce que le groupe s'avançât jusqu'au point désigné en utilisant le plus possible les abris du terrain ; le chef devait ensuite commander : « Halte ! — En position ! » ou bien, suivant les circonstances : « A gauche (ou à droite), en position ! » — Quant aux hommes, on s'est occupé de les dresser à toujours se placer rapidement d'eux-mêmes, suivant l'ordre donné et de la façon la plus avantageuse pour le combat, ou bien à se former promptement en ligne, prêts à fournir des feux, mais en attendant le signal pour commencer à tirer.

2° *Par une course en avant, de front.* — On a aussi exercé les groupes à s'élancer de leur position à l'abri, au commandement : « Debout ! Marche, marche ! » et à courir en avant, de front, mais seulement lorsque le terrain n'offrait aucun abri pour la marche par le flanc, ou dans l'hypothèse qu'on se trouvait déjà à portée très-efficace du feu ennemi, — parce que, dans ce cas, la « formation par le flanc » n'est qu'une cause de retard, et par suite de pertes.

Mais j'ai alors fait préalablement avertir le sous-officier qu'il devait s'avancer jusqu'à tel ou tel point du terrain ; ou bien j'ai commandé moi-même : « Les « groupes en avant à 100 mètres ! (ou à 50 mètres, ou « jusqu'à la maison). » — J'ai fait aussi pratiquer la marche en avant, file par file, jusqu'à un point désigné, à l'avertissement : « Course en avant, file par file, jus- « qu'à la maison, en commençant par l'aile droite ! (ou « gauche) » ; mais j'ai indiqué à ce sujet que ce mou- vement ne pouvait se faire avec succès qu'en face d'un adversaire faible, ou à une distance supérieure à 300 pas, parce qu'aux distances plus rapprochées, l'ennemi pouvait viser des files isolées avec plus de certitude qu'un groupe tout entier se mouvant à la fois.

Je trouve que c'est une faute *capitale* que de vouloir tenter le dernier assaut, la percée proprement dite, à travers la position ennemie, avec des forces *éparpillées*, au lieu de le faire *tout d'un coup* avec toutes les forces disponibles.

Il faut au contraire inculquer aux sous-officiers et aux hommes cette idée que c'est *lâcheté* et *folie* de rester, au moment de l'assaut, couché ou immobile pour faire feu.

*Comment on doit en outre pratiquer l'estimation des distances.*

Afin d'exercer en même temps les sous-officiers et les hommes à apprécier exactement et sans retard, en toute situation, les *distances* pour faire feu, j'ai indiqué chaque fois l'endroit où je supposais l'ennemi.

D'après la situation indiquée, le sous-officier devait alternativement, ou commander lui-même, sans perdre de temps, la distance et la nature du feu, ou bien demander aux hommes quelle distance ils supposaient, et comment ils auraient visé.

On a dû aussi faire compter les pas toutes les fois qu'on l'a pu, et prescrire de viser l'homme qui comptait les pas, pour habituer l'œil à changer le pointage d'après la distance.

L'homme qui mesurait la distance au pas devait, à l'occasion, prendre position *derrière un abri*; c'était un moyen d'apprendre aux hommes à viser sur un ennemi en partie caché; et, après qu'on avait visé sur lui, il devait crier combien de pas il avait compté jusque-là.

*Exercices de détail ayant pour objet d'apprendre à battre en retraite d'une position sur une autre.*

J'ai également exercé les divers groupes *à se retirer* d'une position couverte sur une autre, de quatre manières différentes :

1° *File par file*, si le terrain le permet, les files battant en retraite isolément, sans se faire voir.

Ici, j'ai surtout veillé à ce que le sous-officier fît commencer la retraite par *une des ailes*, en désignant l'autre aile pour former l'arrière-garde, et à ce que les hommes tirassent un coup de feu avant de se porter en arrière; ils devaient ensuite se couvrir complétement, et se retirer, parfaitement à l'abri, de l'ancienne position sur une autre préalablement indiquée par le chef.

2° Retraite du *groupe*, en laissant une *arrière-garde*; le sous-officier, dans ce cas, n'avait qu'à désigner les hommes devant former l'arrière-garde (1), et à donner seulement l'ordre : « Vite en arrière jusqu'à la maison! « (ou jusqu'au fossé). Marche, marche ! » — L'arrière-garde devait tirer pour couvrir le mouvement, et, dès que le groupe avait pris position, elle courait d'elle-même en retraite pour aller également se poster à l'une des ailes du groupe.

(1) Il est très-important pour les chefs de tout grade de s'habituer à désigner, *avant* de donner l'ordre pour la retraite, l'arrière-garde ou le détachement qui doit rester de pied ferme, de telle sorte que tout le monde puisse entendre cet avertissement.

Une troupe qui n'entend *que* l'ordre de retraite et qui doit ensuite rester tout à coup de pied ferme pour *couvrir cette retraite*, devient inquiète et est facilement entraînée à battre en retraite elle-même. — (*Note de l'auteur.*)

3° *Retraite rapide du groupe tout entier*, en suppo-
ant une attaque de flanc, au commandement : « Demi-
« tour ! Marche, marche ! » En même temps, j'ai recommandé aux hommes de ne pas se réunir en tas
pour courir en arrière, mais de se mettre au pas, dès
l'abri trouvé, et, au commandement de : « Rassemble-
« ment ! » de se rassembler en ordre sur la file près de
laquelle se trouvait le chef de groupe ; ou bien ils
devaient se reformer par le flanc gauche (ou droit) si
l'on se trouvait en mouvement sur un chemin.

A ce propos il a été également prescrit aux hommes,
d'une manière formelle, de ne se mettre en marche
pour battre *rapidement* en retraite que sur un ordre
exprès, et d'avoir à faire soigneusement attention au
nouveau commandement de : « Au pas ! » ou de :
« Front ! »

4° *Exécution de l'ordre : « Lentement en arrière ! »*
Ici, l'un des rangs devait rester de pied ferme ou se
coucher, et tirer, tandis que l'autre courait rapidement
jusqu'au plus prochain abri, et se disposait à faire feu.

Chaque homme du premier rang, après avoir lâché
son coup de fusil, devait, tout en chargeant à couvert,
regarder derrière lui, et aller rapidement chercher
à son tour un abri en arrière du deuxième rang. Alors
celui-ci tirait, cherchait également un nouvel abri en
arrière, et y courait ; et ainsi de suite jusqu'au commandement de : « Halte ! » ou de : « En position ! »

Ce mode de retraite est avantageux surtout en face
d'un ennemi supérieur, qui gagne peu à peu du ter-

rain sur le front, principalement dans les bois, dans les villages et dans les terrains coupés, quels qu'ils soient ; mais il l'est aussi en plaine, et alors les rangs doivent parcourir 500 mètres tout au plus, puis se replacer à genou.

*Exercices de détail ayant pour objet de renforcer la ligne de feux.*

1° *En faisant marcher par le flanc les groupes de renfort.* — Tous les exercices précédents ayant été exécutés alternativement avec les différents groupes, j'ai fait pratiquer, d'une manière analogue, la marche en avant des groupes séparés et des pelotons entiers, dans le but de renforcer une ligne de feux, soit en faisant prolonger la ligne, soit en faisant former des flancs offensifs ou défensifs, suivant les circonstances. Dans ce cas, les groupes se sont, en principe, portés en avant par le flanc, le chef en tête.

Pour faire renforcer par des pelotons entiers, on a d'abord opéré de la manière suivante : Le chef de peloton commandait : « Par le flanc dans chaque « groupe ! Le groupe de l'aile gauche (ou droite) de « direction ! » et naturellement, pour renforcer *à droite,* l'aile *gauche* était toujours chargée de la direction, et réciproquement. Le chef de peloton se plaçait ensuite lui-même à la tête du groupe de direction, tandis que les autres groupes recevaient de leurs chefs un point de direction donné, ou bien avaient tout simplement à s'avancer en conservant leurs intervalles du groupe de direction.

Puis, on commandait : « Halte ! En position ! » et,

à ce commandement, chaque groupe prenait position de son mieux, tandis que le chef de peloton se portait derrière le centre de son peloton, chaque chef de groupe derrière son groupe. Les chefs, eux aussi, devaient se placer à l'abri, mais de manière à ne pas perdre de vue le terrain en avant, non plus que chacun des hommes de leur subdivision ; le chef de peloton devait autant que possible demeurer à la même place (à l'endroit de la position d'où il pouvait le mieux voir les environs), et rester constamment en vue des chefs de groupes. Il devait avoir sur lui un sifflet : un coup de sifflet *prolongé* s'adressait à *toute* la subdivision ; et, à ce signal, *tous* les chefs de groupes devaient fixer les yeux sur le chef de peloton ; *un* coup de sifflet *bref* s'adressait à la 1<sup>re</sup> section, *deux* à la 2<sup>e</sup>, etc., etc.

J'avais moi-même un sifflet à trilles, et je donnais d'une façon analogue des avertissements pour toute la compagnie ou pour des pelotons isolés (1).

J'ai remarqué que cet exercice pour renforcer la ligne de feux au moyen de groupes marchant par le flanc était surtout avantageux, en ce sens qu'il rendait les chefs habiles à donner des ordres nets et précis, et à faire attention aux circonstances du terrain.

Comme exercice préparatoire, on doit par conséquent y attacher une grande importance, quoique en

(1) Ce n'est que plus tard que j'y ai renoncé (voir 3<sup>e</sup> matinée). parce que l'expérience m'a convaincu qu'en temps de paix la chose n'est pas praticable. — (*Note de l'auteur.*)

réalité, surtout avec de grandes lignes de feux, on doive rarement en faire usage.

Ici encore, j'ai fait pratiquer l'estimation des distances de la même manière qu'auparavant : ou bien le chef de groupe avait à commander tout de suite la distance et l'espèce de feux, ou bien il demandait aux hommes à quelle distance ils allaient viser. Naturellement, dans ce cas, il n'était pas nécessaire de compter les pas ; mais le chef qui avait déjà engagé le feu devait indiquer à quelle distance il tirait.

J'ai fait remarquer que, dorénavant, le chef d'un groupe déjà engagé devrait *immédiatement* indiquer ainsi la distance aux groupes entrant en ligne, afin de leur rendre facile un pointage exact.

*2° Renforcer la ligne en faisant avancer les groupes de front pour doubler.* — J'ai ensuite exercé la compagnie à renforcer la ligne au moyen de subdivisions marchant *de front*, c'est-à-dire par le *doublement*, ce qui doit se faire partout où le terrain n'offre aucune position favorable dans le prolongement de cette ligne, ou bien lorsqu'il s'agit de former sur le *front* même une ligne de feux *plus épaisse*. Si deux groupes étaient déjà placés avec un intervalle entre eux, je faisais doubler dans l'*intervalle*, pour peu qu'il y eût un vide suffisant, et les files les plus rapprochées se serraient un peu vers les ailes, en restant à couvert. Quand cela ne se pouvait pas, les files de la subdivision de renfort se plaçaient là où elles trouvaient de la place.

La distance à laquelle on devait tirer était indiquée

comme précédemment. — Le plus ancien chef de groupe devait tout de suite prendre le commandement de toute la ligne de feux.

Il va sans dire que, pendant le mouvement en avant des groupes de renfort, j'ai toujours prescrit que ceux qui se trouvaient déjà au feu devaient recevoir de leurs chefs l'ordre : « Feu renforcé ! »

*Exercices de détail pour le soutien.*

Pour finir, j'ai fait encore exécuter au soutien divers exercices, me plaçant de ma personne immédiatement derrière la ligne de feux, et dirigeant le soutien au sifflet, à la voix ou par signes, afin de m'habituer moi-même et d'habituer le chef du soutien à une entente réciproque (1).

Pendant ce temps, j'ai ordonné aux tirailleurs de faire attention à ce qui se faisait :

1° Marche en avant du soutien pour fournir des salves.

De *mon* côté : Coup de sifflet pour appeler l'attention du peloton, avertissement: « Pour la salve! » et geste

---

(1) La direction d'un détachement peut être compromise, si le chef ne s'entend pas à diriger ses subdivisions d'une place désignée. Il ne doit jamais changer de place sans avoir une *intention* déterminée d'avance; c'est une preuve d'ensemble et d'instruction dans une compagnie quand les chefs en sous-ordre comprennent et exécutent rapidement les intentions du commandant de compagnie. Des chefs en sous-ordre prévoyants, qui ne perdent pas l'ennemi de vue, *devinent* déjà à *demi* ce qui doit arriver. Aussi est-il bon que le chef du soutien se place autant que possible de telle sorte qu'il ait l'œil *à la fois sur la marche du combat* et sur son chef de compagnie. Dans ce but, il peut se poster lui-même à une distance de 20 à 30 pas de son soutien. — (*Note de l'auteur.*)

indiquant la direction dans laquelle la salve devait être envoyée (ceci peut aussi être indiqué à la voix). C'était ensuite au *chef du soutien* à s'avancer vers le point désigné, soit par le flanc, soit de front, au *pas de course* ou au pas rapide.

Au commandement: « Halte pour faire feu! » on devait toujours reprendre exactement l'ordre de bataille, et, par un coup d'œil rapide, le chef devait s'assurer, en traversant sa subdivision, que le front était bien placé et le champ de tir libre ; ou bien, il devait redresser les fautes commises.

Il va de soi que les hommes devaient *bien viser* et tirer au commandement.

« 2° Le soutien en arrière en position pour recueillir les tirailleurs ! » — en admettant que tout en ayant réellement repoussé d'abord l'attaque ennemie, on doive néanmoins se mettre en retraite.

Ici, je me suis appliqué à habituer les chefs de peloton et le peloton lui-même à exécuter les ordres rapidement, mais avec précision.

*Commandements :* « L'arme au repos ! (désarmez). « Demi-tour ! Pas de course ! Marche, marche ! » Puis, suivant les circonstances : « En retraite de front ! » ou bien : « Par le flanc gauche (ou droit). » Une fois en position, on devait faire face en tête ou se reformer en ligne, puis on faisait l'avertissement : « Prenez les in- « tervalles sur l'aile droite (ou gauche) ! » ou, suivant le cas : « sur le centre ! » et les hommes prenaient alors rapidement position en tirailleurs, à leurs intervalles.

J'ai commandé ensuite : « Les groupes de devant
« en retraite sur telle ou telle aile de la position de
« refuge ! » afin d'exercer les chefs de groupes à conduire tout de suite leurs groupes déployés en retraite,
de manière à démasquer le front des tirailleurs postés
pour les recueillir, les groupes se serrant tout en marchant demi à gauche ou demi à droite, ou bien se formant par le flanc, pour prendre leur nouvelle position
par une conversion de la tête ou en faisant demi-tour.

3° Quand on a eu pris position, j'ai admis que la
retraite devait être continuée, et j'ai commandé : « Le
« premier peloton, demeurez comme arrière-garde ! Le
« reste en retraite et formez le soutien ! » A ce commandement, les chefs de groupes qui se retiraient ont
fait marcher leurs sections en arrière en ordre déployé,
jusqu'au commandement suivant du chef de peloton :
« Rassemblement en colonne par sections étant en
« retraite ! »

Le détachement s'étant rassemblé sur la section à
laquelle se trouvait le chef de peloton, j'ai fait faire
face en tête, et j'ai ainsi terminé l'exercice.

# TROISIÈME MATINÉE

## (Voir *fig.* 3)

---

Un village voisin, Lindenthal, était traversé par plusieurs chemins; au delà, le terrain s'élevait un peu; plusieurs fermes, grandes et petites, en partie groupées, en partie isolées, et comprises sous les noms de Lind et de Deckstein, se trouvaient sur la hauteur, dont les pentes les plus raides s'abaissaient, d'une part vers le village, d'autre part vers le sud. Un cours d'eau (Gleueler-Bach), sur lequel existait un pont, bordait de ce côté le mouvement de terrain. Tout cet ensemble devait aujourd'hui m'offrir l'occasion : 1° de dresser encore une fois les hommes ou groupes *détachés*, à conserver leur liaison entre eux et avec le gros de la troupe pendant une marche en avant; 2° d'exercer la compagnie à la défense d'une lisière de village et au rôle d'une arrière-garde pendant le combat et pendant la retraite.

Mon intention étant de passer immédiatement de la *marche en avant* à *l'occupation d'une position*, puis, aussitôt le combat engagé, de commencer la retraite,

5

pour habituer ainsi tout à la fois, sur un terrain passablement étendu, les diverses subdivisions à *agir avec ensemble et à propos*, de concert avec leurs détachés et leurs tirailleurs, je dus m'occuper d'abord spécialement de l'instruction à donner aux détachés. Je tins à me réserver le soin de fixer *le moment* de la retraite, en partie pour m'exercer moi-même à formuler mes ordres avec la précision nécessaire en pareil cas, en partie pour habituer mes subordonnés à exécuter ponctuellement ces ordres.

Tout cela a besoin d'être appris, aussi bien pour une retraite *volontaire* que pour le cas d'une retraite forcée devant un ennemi supérieur. Les détachés doivent apprendre à se retirer d'eux-mêmes en conservant leurs relations avec le détachement battant en retraite, sans qu'il leur arrive des ordres particuliers, ce qui est le cas le plus ordinaire. L'exécution d'une retraite bien ordonnée est la pierre de touche de l'habileté des chefs et de la troupe. Aussi je considère la pratique spéciale des *combats en retraite* comme particulièrement profitable.

La compagnie a été réunie à six heures et demie, au nombre de 78 hommes, non compris les sous-officiers. Cette fois, les pelotons n'ont pas été formés en sections par escouades, mais chacun en trois sections à quatre files, un sous-officier ou un gefreite à chaque section. En outre, à chaque section, on a attaché au moins un chef de patrouille et un homme à dresser à ce service.

DISPOSITION : *L'ennemi doit déjà se trouver dans le*

*voisinage en force assez considérable. La compagnie a l'ordre de s'avancer jusqu'à la chaîne de hauteurs et d'occuper la lisière extérieure du hameau de Lind. Le peloton de tirailleurs se porte droit en avant sur la chaussée comme avant-garde ; le sergent A....., avec deux sections du deuxième peloton, comme flanqueurs couvrant la gauche, doit se poster sur la hauteur de Deckstein, à l'aile gauche de la position, en s'appuyant au pont du ruisseau. Les détachés ont à maintenir exactement leur liaison ; à l'occasion, la retraite doit se faire par les mêmes chemins. Le reste de la compagnie suit l'avant-garde.*

*Marche en avant vers Lind et Deckstein.*

Le peloton de tirailleurs a désigné, dans sa première section, une pointe de *cinq hommes* (c'est là le chiffre *minimum*, comme il a déjà été dit, dans le voisinage très-rapproché de l'ennemi, pour que la pointe ne soit point arrêtée par une patrouille quelconque ; une file marche alors à droite du chemin, une file à gauche, le cinquième homme sert à maintenir les communications) ; trois hommes ont été détachés à gauche, sur un petit chemin latéral, pour se relier en même temps avec les flanqueurs de gauche. Le chef de la pointe s'est tenu cette fois à gauche, le chef du peloton près de l'homme de communication, le sous-officier marchant après lui a pris le commandement de l'avant-garde avec la consigne de ne jamais perdre de vue le chef de peloton. Après 1,000 pas environ, afin de voir si les détachements se reliaient bien entre eux, j'ai ordonné au chef de peloton de faire arrêter la pointe, tandis que l'avant-garde et la troupe principale devaient poursuivre leur marche pour être témoins de ce qu'allaient faire les détachés. Le chef de peloton a donné un signal avec un coup de sifflet, — le chef de la pointe a regardé autour de lui, — on lui a fait signe de s'arrêter, et comme une ferme se trouvait près de là, il a crié à ses hommes : « Vite à la ferme ! » puis : « Halte ! » Il s'est ensuite placé de sa personne à l'angle gauche de la ferme, d'où il pouvait voir en avant et à gauche, pour faire signe, de là, aux détachés de gauche, de s'arrêter également. Les autres hommes de la pointe sont restés des deux côtés de la route, de manière à pouvoir observer en avant et à droite.

L'avant-garde voulait s'arrêter quand la pointe s'est arrêtée ; mais le chef de peloton, qui était resté tout près de l'homme de communication, a crié simplement au chef de cette avant-garde : « Continuez à marcher jusqu'à la pointe ! » et, son ordre ayant été compris, il s'est rendu de lui-même à la pointe pour observer si tout allait bien.

La troupe principale a continué sa marche en même temps que l'avant-garde et, quand elle est arrivée plus près, on lui a crié la même chose, de sorte que, grâce à des communications faites à propos, mon ordre a été exécuté par toutes les fractions, quoique je l'aie seulement donné au chef de l'avant-garde. J'ai pu ainsi pousser tout de suite jusqu'à la pointe pour voir comment se conduisaient les détachés.

*Critique de la conduite des détachés.*

La patrouille latérale de gauche, qui était restée un peu en arrière, a fait seulement alors son apparition. Elle avait manqué le moment de s'arrêter à temps et était tranquillement en marche lorsqu'elle a tout à coup entendu le deuxième coup de sifflet du chef de l'avant-garde et aperçu, en regardant autour d'elle, le signe qui lui a été fait pour l'arrêter. Elle a fait halte juste à l'endroit où elle se trouvait, mais, au bout d'un instant, le chef de patrouille, encore quelque peu inhabile, a réfléchi, et on a vu la patrouille se mettre rapidement à couvert sur son indication. La continuation de la marche de cette patrouille a été cause que les flanqueurs de gauche se sont aussi portés en avant plus qu'il n'était nécessaire. Mais deux coureurs ayant été envoyés par eux sur le côté droit pour maintenir les communications, ceux-ci ont promptement compris et ils ont transmis le signal pour faire halte. Tout le monde alors s'est trouvé arrêté, seulement la pointe des flanqueurs de gauche n'était plus qu'à 150 pas environ **du** coteau, tandis que l'aile droite s'en trouvait encore distante d'au moins 600 pas.

La pointe commettait une faute en ne cherchant pas à gagner tout de suite le sommet du mouvement de terrain pour voir plus loin devant elle. J'appelai l'attention des hommes sur la faute commise et je prescrivis qu'à l'avenir tout détaché, invité à s'arrêter par un signe, aurait *tout d'abord* à se porter rapidement à couvert, pour montrer que le signe était compris, mais qu'il devait aussitôt après chercher dans le voisinage le meilleur endroit pour *pouvoir observer* et y prendre position de lui-même ; un homme au moins dans chaque patrouille devait se porter ainsi en observation.

J'ai ensuite ordonné que l'officier prendrait de ce côté le commandement de la compagnie, tandis que je me rendrais au détachement latéral de gauche. La marche en avant ne devait être continuée que sur un signe de moi, après que l'avant-garde et les détachés auraient été préalablement relevés par le premier peloton. Cet officier avait à ordonner de lui-même les dispositions nécessaires pour l'occupation des fermes sur la chaîne des hauteurs.

Lorsque je suis arrivé au détachement latéral de gauche, les détachés du peloton de tirailleurs avaient, dans l'intervalle, été relevés, de manière qu'après avoir appelé l'attention sur la faute ci-dessus signalée (à la suite de quoi les deux hommes de la pointe se sont portés rapidement jusqu'à la chaîne des hauteurs), j'ai pu donner le signal pour la continuation de la marche en avant.

Tout le monde s'est remis en marche, et j'ai galopé jusqu'à la pointe du détachement latéral de gauche.

Comme cette pointe voulait gravir à la manière ordinaire le coteau, je lui ai fait remarquer combien il importait d'atteindre un point d'observation aussi éloigné avec prudence, et cependant *avec rapidité*. Le chef de cette pointe devait s'avancer rapidement assez loin pour bien voir autour de lui, tout en se plaçant à couvert ; l'autre homme devait suivre plus lentement, prêt à tirer dès que l'ennemi se montrerait sur le côté ou en avant. C'est ce qu'on a fait, et la marche rapide en avant du chef a eu en même temps pour résultat que le reste des détachés, qui l'observaient, s'est aussi porté vivement en avant.

*Annonce d'une approche de l'ennemi et conduite à tenir dans cette occurrence.*

Dès que le chef de la pointe en question eut atteint la hauteur et la ferme à la croisée des chemins, il put, d'une position à l'abri, dominer le terrain libre qui s'étendait en avant jusqu'au village voisin B (éloigné de 1/8 de mille environ).

Je lui ai dit alors que je supposais qu'il voyait un fort détachement ennemi déboucher de B sur la chaussée, pendant qu'un autre détachement ennemi s'avançait en même temps le long du ruisseau. Il voulait aller tout de suite porter cette nouvelle ; je lui ai ordonné de la transmettre en criant en arrière. Il a crié : « Deux « détachements ennemis, chacun d'une compagnie en- « viron, en marche près du village B ! » — Cet avertis- sement a été transmis au sergent A, qui a commandé aussitôt : « Marche, marche ! » et n'a fait reprendre le pas que pour gravir la hauteur. Une section a été placée par lui comme soutien près du chemin au bord des hauteurs, tandis qu'il donnait au reste de sa troupe, qui avait continué sa marche, l'ordre suivant : « Occu- pez la ferme !... Marche, marche ! » Le sergent est venu lui-même rejoindre le chef de la pointe, qui lui a montré les points où j'avais admis qu'on pouvait voir l'ennemi. Il a aussitôt commandé, très à propos, au chef de crier rapidement aux détachés de droite, qu'une compagnie ennemie était en marche de B sur la chaussée. Le chef a couru sur le chemin de traverse assez loin vers la droite pour que son appel fût entendu et transmis plus loin, et est revenu ensuite promptement en arrière.

Pendant ce temps, le sergent A s'est orienté sur le terrain, et a reconnu que, de la ferme, à cause d'une haie qui, de l'autre côté du chemin de traverse, descendait le long de la pente à gauche jusqu'au pont, on ne pouvait pas battre de feux suffisants le terrain en avant. Il a alors placé une section près de la haie, a détaché la file de gauche jusque tout près du pont, tout en rappelant ses coureurs de droite près de lui, et il a fait avancer le soutien jusqu'à la ferme. J'ai approuvé ces dispositions et lui ai ordonné de faire apprécier, sur le terrain en avant, les distances qui le séparaient de quelques points saillants, et de tenir la position jusqu'à ce qu'il voie le village évacué par la compagnie sur la chaussée.

Puis je suis retourné à la compagnie, qui, dans l'intervalle, à la suite de cet avertissement, s'était promptement avancée, et avait, avec son avant-garde, occupé les dernières fermes près de la chaussée. Le soutien était posté en arrière de la grande ferme la plus rapprochée.

*Critique des dispositions prises à la lisière de Lind.*

En contrôlant les dispositions prises, j'ai trouvé :

1° Que les chefs n'avaient pas encore fait observer

aux hommes sur le terrain qui s'é endait en avant d'eux les distances répondant à certains points de repère;

2° Que l'attention de la troupe n'avait pas été assez appelée sur la manière de se placer pour le cas où, à la guerre, des *fermes* doivent être occupées;

3° Que l'officier, de sa personne, ne se tenait pas de manière à avoir en même temps sous les yeux le terrain de devant et les groupes déployés, et aussi de manière à être vu du chef de soutien;

4° Que la patrouille des flanqueurs de gauche était bien allée sur un chemin latéral jusqu'à la lisière, mais qu'elle ne s'était pas placée de manière à faire observer par un homme le terrain à gauche jusqu'à la subdivision du sergent A, tandis que l'autre homme à droite ne perdrait pas la compagnie de vue.

J'ai appelé les chefs de groupes en avant, et j'ai attiré leur attention sur ces points.

J'ai montré comment certains accidents du terrain en avant étaient faciles à remarquer, aussi bien à portée *efficace* du tir, à 250 ou 300 pas, que plus loin à 500 ou 600 pas. On aurait donc dû dire aux hommes qu'ils ne devaient ouvrir le feu contre les *tirailleurs* ennemis que lorsque ceux-ci se seraient rapprochés jusqu'aux distances indiquées par les *premiers* points, tandis qu'ils devaient tirer sur les divisions ennemies *massées*, dès qu'elles se seraient avancées aux distances marquées par les *derniers* points. De telles indications données à temps permettent d'amener les hommes à viser tranquillement, de même qu'elles facilitent la direction ultérieure du tir.

En ce qui concerne l'occupation des fermes, j'ai tenu à ce qu'une ferme fût assignée à chacun des groupes, pour éviter tout désordre.

Chaque chef de groupe dut ordonner l'occupation des fenêtres tournées vers l'ennemi, ainsi qu'indiquer les percées qui pourraient être faites rapidement dans les murs, en cas de besoin, et aussi ne point oublier que, en prévision d'une retraite, il devait s'assurer en arrière une issue convenable.

L'officier dut, de son côté, se poster près de la route, abrité en avant, et chercher en arrière de lui quelle était la ferme la plus propre à servir de position de refuge en cas de retraite.

A 150 pas en arrière, à l'endroit où la chaussée se croisait avec le chemin qui conduisait à la subdivision du sergent A, il y en avait une, et tout d'abord j'y ai fait prendre position à couvert au soutien, en invitant le chef de ce soutien à tâcher de comprendre rapidement et d'exécuter tout ce que l'officier pourrait commander par signes ou à la voix.

*Défense de la lisière contre une attaque supposée.*

J'ai admis l'hypothèse suivante :

*L'ennemi a déployé de nombreux essaims de tirailleurs sur la chaussée et contre notre aile gauche; en arrière, il a, en outre, un soutien en dehors de la portée du tir.*

*Avertissement:* « Des tirailleurs ennemis s'appro-

« chent en courant jusqu'à 300 pas de nous! Le sou-
« tien continue à avancer! »

*Commandement de l'officier :* « Feu de rang! Les
« meilleurs tireurs visez le soutien!... 800 mètres! »

J'ai en même temps recommandé au 3e peloton de se
rapprocher du soutien et de se tenir prêt.

La possibilité d'un pareil mouvement en avant, sans
qu'il eût pour but direct de faire fournir des salves,
ou de porter des renforts sur la ligne, n'avait pas été
prévue par l'officier, et je n'avais pas non plus déterminé de signal général applicable à ce cas particulier.

Si l'on réfléchit qu'un *appel* à la voix, au milieu du
feu déjà *engagé*, serait mal compris, et que l'envoi d'un
ordre demanderait trop de temps, il ne reste qu'à con-
venir une fois pour toutes d'un signal pour faire avancer le soutien, et qu'à fixer la façon dont ce mouvement
doit se faire. Une sonnerie de clairon serait ce qu'il y
aurait de plus simple, mais elle pourrait amener des
malentendus pour les troupes voisines ; — donc il ne
reste que le *coup de sifflet* et un signe déterminé de
l'officier avec son épée.

Mais il y avait ici une autre réflexion à faire. Dans
l'après-midi précédente, j'avais habitué les chefs de
pelotons et de groupes à distinguer ma manière de sif-
fler de celle de l'officier, — aujourd'hui, j'avais laissé
le commandement de la compagnie au plus ancien chef
de peloton, — de sorte que l'expérience m'apprenait
ainsi qu'il n'était pas bon d'établir pour le combat des
différences aussi subtiles dans les signaux d'avertisse-

ment ; et, mieux encore, que l'emploi du sifflet doit être réduit à *un seul* son, ne disant aux subordonnés, et pour tous les cas, qu'une chose : « Regardez-moi ! Je vais donner un ordre ! (ou faire un signe). »

Pendant que ces pensées me trottaient par la tête, l'officier avait fait tout simplement, avec son épée au chef de soutien, le signe : *En avant!* Celui-ci se conformant à ce qui s'était fait à la dernière manœuvre, avait commandé : *Pas de course ! Placez-vous par le flanc droit sur une seule file!* attendu qu'il se tenait derrière la ferme avec le soutien et qu'il pouvait s'avancer bien à l'abri, en longeant la ferme sur un des côtés de la route, tandis qu'en s'avançant *de front* sur la route, le soutien se serait porté tout droit sur la ligne de tir ennemie, ce qui, dans un combat réel, aurait amené des pertes inutiles et aurait probablement causé du désordre. Il est vrai que, pour un soutien *plus fort,* il eût été impossible de s'avancer sur une seule file, les hommes l'un derrière l'autre ; alors on aurait dû, ou bien faire rompre *dans chaque peloton* par le flanc, sur une seule file, pour courir en avant *des deux côtés* le long de la route, ou bien le soutien aurait dû se résigner à subir des pertes pour rester dans la main de son chef. Les pertes de ce genre ne sont pas toujours possibles à éviter.

Mon intention avait été, il est vrai, de faire avancer seulement le 3ᵉ peloton et de laisser en arrière, au contraire, l'unique section restant du 2ᵉ peloton, pour prendre, à tout événement, une bonne position de refuge, — mais je n'ai décidément rien changé, parce que cela a été pour moi une leçon qui m'a fait prendre la résolution d'éviter, à l'avenir, tout ce qui serait compliqué, si avantageux que cela puisse paraître pour la situation tactique. En temps de paix, un mouvement de ce genre n'est pas déjà si facile à exécuter ; — mais à la guerre, au milieu du bruit et de l'excitation du combat, tout ce qui est compliqué, — si bien que la chose soit menée, — conduit à des malentendus ; aussi faut-il se garder de vouloir appliquer, dans chaque cas particulier, des procédés particuliers auxquels les sous-officiers et les hommes ne sont pas encore *habitués*.

Il n'y a même pas eu d'inconvénient à ce que cette section s'avançât en même temps que le 3e peloton ; car on a pu ainsi donner au chef de section des instructions plus spéciales pour occuper avec sa section la ferme désignée, de manière à permettre aux subdivisions de se rassembler en ordre derrière cette ferme, en cas de retraite.

Il n'y avait pas non plus grand mal à ce que la section fît deux fois les 150 pas nécessaires pour cela, attendu que, selon toute apparence, il restait au chef assez de temps pour prendre ses mesures.

Le soutien a été tout d'abord placé à l'abri sur la lisière, derrière la ferme ; la section en question a reçu mes instructions en présence de l'officier, puis elle a été renvoyée en arrière. J'ai ensuite repris le commandement en adoptant pour thème de l'exercice la défense de la lisière du village contre un ennemi supposé.

*Avertissement :* « Des tirailleurs ennemis'avancent
« jusqu'à 250 pas, les soutiens jusqu'à 520 mètres! »

Les chefs de groupes ont fait les commandements
convenables pour diriger le feu en conséquence.

*Avertissement :* « Les tirailleurs avancent par bonds
« de 50 pas; le soutien suit au pas de course jusqu'à
« 300 pas ! »

Les chefs de groupes ont commandé : « Feu rapide! »

J'ai ajouté : « Sur le soutien !... Les meilleurs tireurs
« contre les tirailleurs ennemis !... »

Puis j'ai commandé : « Le soutien en avant pour en-
« voyer des salves ! »

*Le chef de soutien :* « Par le flanc droit! Marche,
marche ! — Pour faire feu. — Halte, front ! » Le mouvement devait être exécuté avec rapidité et précision ;
et comme ce n'est pas tout à fait facile, on l'a recom-
mencé. Puis : « A 300 pas !... En joue ! — Feu ! —
« Chargez! — à 250 pas, etc., etc. »

*Avertissement :* « Le soutien ennemi s'est couché ! »
Le chef de peloton qui venait justement de commander: « En joue ! » a donné tout tranquillement l'ordre :
« Replacez l'arme! — A genou ! » S'il y avait eu un
petit retranchement en terre sur la route, le soutien
aurait encore mieux fait de s'y placer d'avance à l'abri
et d'envoyer des salves de tirailleurs.

*Avertissement :* « Les tirailleurs ennemis et le soutien marchent à l'assaut ! » Commandement dans tous
les groupes et pour le soutien : « Feu rapide ! »

*Avertissement :* « L'assaut ennemi est repoussé. »

*Après une attaque repoussée, la plus grande partie de la compagnie envoyée en renfort à l'aile gauche à Deckstein.*

*Commandement :* « Le soutien au pas de course en arrière pour renforcer l'aile gauche à Deckstein! »

*Le chef du soutien :* « L'arme au repos! (désarmez).
« — Demi-tour! Pas de course, marche, marche! —
« En file, par le flanc droit! »

*Commandement :* « Le 1er peloton, conservant une arrière-garde, doit suivre peu à peu le soutien! »

*Le chef du premier peloton :* « La 3e section d'arrière-garde! La 1re et la 2e section en retraite file par file et rassemblement *derrière* la position de refuge! »

Chacune des files a lâché son coup de fusil avant de se retirer, comme on les avait exercées à le faire, et a couru en arrière sur le côté de la route, jusque *derrière* la ferme occupée par la section du 2e peloton, où les deux sections se sont rassemblées.

Le chef de peloton est resté à la section d'arrière-garde, afin de choisir le moment où il devait ordonner la retraite de cette section. Je l'ai averti que j'emmènerais encore deux sections avec moi vers l'aile gauche, et qu'il devait, avec deux autres sections, couvrir mon flanc droit sur la chaussée contre une poursuite possible de l'ennemi; dans l'intervalle, il avait à pratiquer l'estimation des distances. Là-dessus, j'ai rejoint la position de refuge, je l'ai fait occuper par une section du premier peloton, et j'ai fait suivre, par les deux autres sections, le soutien qui, à une allure rapide, s'approchait déjà du détachement du sergent A.

Tout en galopant, j'ai crié aux deux subdivisions :
« L'ennemi attaque avec de forts essaims de tirailleurs
« le pont de Deckstein ! »

— « Le peloton de tirailleurs occupez la lisière *à*
« *droite* contre le flanc gauche de l'ennemi ! — Les
« deux sections suivantes, comme soutien, au pont ! »

Le chef du peloton de tirailleurs, qui avait formé son
peloton en sections, a tout de suite commandé : « La
« section de devant, suivez-moi ; les autres sections à
« droite en tirailleurs dans le prolongement de la pre-
« mière ! »

A une place libre de la lisière se trouvait une saillie
produite par une sablière, d'où le terrain en avant pouvait être battu vers l'aile gauche. Le chef de peloton y
a immédiatement jeté une de ses sections, et a fait
signe aux autres de prendre position près de lui. Il a
commandé aussitôt : « Feu rapide à 200 pas ! » Les
deux sections du 2ᵉ et du 1ᵉʳ peloton qui suivaient encore à rangs serrés se sont portées au pas de course
vers le pont, sur l'ordre du plus ancien sous-officier.

Pendant ce temps, j'avais crié au sergent A : « L'en-
« nemi attaque le pont avec des forces supérieures ! »
Sur quoi il a tout de suite fait déployer en tirailleurs à
l'aile gauche, le long de la haie, la section qui se tenait
encore massée à la ferme, et a commandé le feu rapide.



Mon intention était de profiter de l'occasion pour
exercer la compagnie à la retraite sous le feu ennemi,

par conséquent d'admettre que l'ennemi *n'était pas* repoussé.

Afin de gagner du temps pour la retraite en un pareil moment, une *contre-attaque* qui force l'ennemi à s'arrêter, au moins momentanément, est le seul moyen à employer, — quand même on ne pourrait pas en espérer un succès durable.

Aussi ai-je commandé aux deux sections massées : « A l'attaque ! — Rejetez l'ennemi de l'autre côté du « pont ! »

Et aussitôt, au chef de peloton de tirailleurs : « Le « peloton de tirailleurs, vite *en arrière* dans une posi- « tion de refuge ! »

Par suite, le chef des deux sections a commandé aussitôt : « A l'attaque ! — L'arme à droite ! — Croisez la baïonnette !... Marche, marche ! » —

Par contre, le chef de peloton des tirailleurs, dont l'aile droite était en tête, a commandé : « Par le flanc gauche ! Marche, marche ! » Pendant le mouvement, il a cherché du regard un point convenable et aussi rapproché que possible pour la position de refuge, et il a bientôt trouvé ce qu'il lui fallait sur la pente de la hauteur, d'où il pouvait, dans le cas d'une poursuite de la part de l'ennemi, le couvrir de feux efficaces, sans que sa propre retraite en parût trop compromise. Il a dirigé sur ce point ses sections, du geste et de la voix, et y a pris rapidement position.

Les sections d'attaque voulaient, pendant ce temps, franchir le pont. Je leur ai crié : « Halte ! » puis : « Le

« soutien en arrière jusqu'à la ferme la plus rappro-
« chée ; les tirailleurs, suivez lentement !... »

Le chef a fait faire demi-tour, a parcouru un petit
espace au pas de course, puis s'est dirigé au pas, par
le plus court chemin, en dépassant le peloton de tirailleurs déjà placé, vers les fermes situées en arrière ; à
la lisière il a fait tout de suite prendre position à ses
deux sections de manière à recueillir les autres, ce qui
répondait exactement aux exigences de la situation.

Les deux sections déployées du sergent A, qui ne devaient suivre que lentement (étant admis que l'ennemi
avait été momentanément mis dans un certain désordre
par l'attaque), ont dû faire leur mouvement de retraite
de la manière indiquée pour le cas où l'on a donné
l'ordre : *Lentement en arrière !*

Chacun des rangs de ces sections a dû, en profitant
du terrain, parcourir successivement en arrière, et au
pas de course, un certain espace, et prendre position
sur des points convenables pour faire feu, jusqu'au
moment où, après avoir dépassé le peloton de tirailleurs déjà en position pour les recueillir, on leur a
commandé à tous de se rassembler comme soutien
derrière la seconde position de refuge.

La retraite n'avait pas encore été pratiquée en pareil
terrain ; aussi n'ai-je pas dû m'étonner d'avoir sous les
yeux un spectacle quelque peu désordonné. C'est pourquoi j'ai prescrit de recommencer le mouvement, après
avoir fait remarquer que l'une des sections aurait
mieux opéré si elle s'était retirée le long du cours

d'eau dans les saules, tandis que l'autre, au contraire, aurait dû prendre par la hauteur en se rapprochant davantage du peloton de tirailleurs. J'ai appris aux chefs de groupe à indiquer promptement au second rang, après le commandement : *Lentement en arrière !* le point où il fallait faire front. Néanmoins il a fallu encore montrer à une partie des hommes, d'une manière spéciale, le moyen de tirer du terrain le meilleur parti.

J'ai alors fait exécuter la retraite par le peloton de tirailleurs à trois sections, deux sections ayant à se retirer un certain temps le long des pentes de la hauteur. Encore ici, il a été prouvé qu'une partie des hommes seulement s'entendaient à gagner rapidement en retraite l'endroit favorable pour faire front à l'ennemi ; quelques-uns ne se dirigeaient que machinalement d'après leurs voisins, et se trouvaient, tantôt n'avoir pas d'abri, tantôt n'avoir pas de champ de tir libre en avant d'eux.

*Répétition de la retraite, mais cette fois par groupes.*

Ce qui venait de se passer montrait qu'en tout cas c'était là un *exercice de paix* avantageux pour rendre *chaque individu* plus habile. Mais pour le pratiquer en retraite *devant l'ennemi*, il faudrait des hommes de beaucoup de sang-froid et bien exercés.

Dans ce cas, une retraite *par groupes* est plus simple, si l'ennemi surtout la laisse exécuter, — ce qui, du reste, est à peine admissible avec un ennemi supérieur et résolu.

J'ai donc fait encore une fois occuper la haie par le peloton de tirailleurs, puis j'ai fait rompre en arrière *groupe par groupe*, le chef de peloton ayant la consigne de *ne pas donner l'ordre de la retraite* avant d'avoir désigné à haute voix la subdivision qui devait tout d'abord *rester de pied ferme.*

Cela est très-important ; car avant que le mot *en retraite* soit prononcé, le détachement doit savoir que ce mot ne concerne que des *fractions* déterminées.

On put voir là qu'il était plus facile de conduire les groupes en les faisant marcher au pas gymnastique vers des points déterminés et désignés par les chefs de groupes, puis, une fois là, de leur faire faire front et de leur faire *prendre position* d'une manière adroite, — que ce n'était le cas précédemment avec chacun des rangs. Les hommes avaient été précédemment plus exercés à s'installer dans une position à eux *indiquée*, qu'à *choisir* eux-mêmes une semblable position. Et il faut déjà se déclarer très-content si les chefs de groupes et de pelotons eux-mêmes s'entendent à faire ce choix, — c'est pourquoi je n'ai pas laissé passer non plus cette occasion de les y exercer.

Les groupes étant ainsi parvenus successivement jusqu'aux ailes de la seconde position de refuge, — *un* groupe à l'aile gauche, *deux* à l'aile droite, — de sorte que le peloton était partagé, chose qu'on évitera rarement dans la retraite, si on veut tirer profit des accidents de terrain, — j'ai tenu à ce que les groupes *prissent position en faisant front à l'ennemi*, puisque aucun ordre de rassemblement ne leur avait encore été communiqué.

Puis j'ai ordonné au chef du 1<sup>er</sup> peloton de demeurer avec son peloton comme arrière-garde, et aux autres de se rassembler comme soutien.

Pour mettre le plus d'ordre possible dans ce rassemblement, j'ai prescrit que les chefs de groupes commanderaient seulement d'abord à leurs groupes : *Demi-tour!* et les feraient se retirer en ordre déployé jusqu'à ce qu'un abri quelconque leur permît de se rassembler ; alors, ils devaient chercher à se réunir, par le chemin le plus court, au groupe avec lequel se trouvait le chef de peloton. Celui-ci avait à désigner promptement le point où l'on devait faire de nouveau front à l'ennemi, ainsi que la formation à prendre.

Ayant remarqué pendant ce mouvement que les deux sections restées près de la chaussée ne prenaient pas part à la retraite, quoiqu'elles eussent dû remarquer que la compagnie se retirait, ce qui laissait leur flanc gauche à découvert, j'ai fait former les faisceaux à la compagnie et ordonné de faire en mon absence l'appréciation des distances, et j'ai galopé jusqu'à la chaussée. J'ai fait remarquer au chef de peloton qu'il n'aurait dû, en pareil cas, rester immobile, que s'il avait reçu auparavant l'ordre de se maintenir dans sa position aussi longtemps que possible.

Je lui ai montré comment il aurait dû se retirer de lui-même, en abritant sa troupe le plus possible, le long de la chaussée jusqu'à une ferme qui se trouvait à peu près à la même hauteur que la position de la compagnie. J'ai remarqué, en outre, que la patrouille latérale de gauche, toujours détachée, se mettait en retraite tout de suite, sans attendre pour cela d'ordre spécial, et qu'elle se replaçait ensuite également, d'elle-même, à peu près à la même hauteur que les deux sections.

Puis, j'ai fait retourner les deux sections à la compagnie.

*Retraite d'une compagnie, en admettant que, par suite d'une attaque de flanc, elle soit forcée d'abandonner à la hâte la position.*

J'ai réuni ensuite les chefs de pelotons et les chefs de groupes, et je leur ai dit que jusqu'alors je n'avais fait exécuter la retraite qu'en la supposant couverte par une arrière-garde. Mais j'ai fait remarquer qu'il serait plus difficile de maintenir l'ordre pendant cette retraite, si, par une attaque réussie, l'ennemi forçait tout d'un coup la compagnie entière à se retirer.

Les détachements séparés ne pouvant plus, en pareil cas, recevoir d'ordres particuliers, il importerait alors que chaque chéf de groupe conduisît son groupe en ordre déployé jusqu'au plus prochain abri, et, là, lui fît d'abord faire front. S'il ne lui arrivait pas d'autres ordres, il devrait agir de concert avec les groupes se trouvant le plus près de lui.

Mon affaire, à moi, aurait été, pendant ce mouvement en arrière, de désigner la subdivision qui devrait couvrir la retraite, — toutes les autres ne songeant qu'à se rallier à couvert, derrière cette arrière-garde, *à l'endroit* désigné par leur chef immédiat.

Pour faire voir pratiquement, dans ce cas, le moyen le plus facile de prévenir un désordre momentanément inévitable, j'ai de suite prescrit au peloton de tirailleurs de prendre l'aile droite de la position précédente, au 2e peloton d'occuper la haie jusqu'au pont, et au 1er peloton d'envoyer des salves en se plaçant comme soutien massé au pont.

La position ordonnée a été rapidement prise par les diverses subdivisions, et j'ai même remarqué que les hommes pensaient déjà d'eux-mêmes à s'installer dans leurs abris pour faire feu.

J'ai alors crié à la compagnie : « L'ennemi attaque « le pont avec une compagnie; et, avec une seconde « compagnie venant de la chaussée, il attaque en même « temps l'aile droite de la position! »

Aussitôt, en faisant exécuter rapidement par chacun de ces groupes un changement de position, le chef du peloton de tirailleurs a fait faire front vers le flanc droit. Tout le monde a commandé : « Feu rapide! à « 200 pas! »

Au bout d'un instant, j'ai crié : « L'ennemi, en nombre « supérieur, donne l'assaut sur le front et sur le flanc « droit! — Tout le monde en retraite! »

La retraite ne pouvait pas manquer de donner tout d'abord le spectacle du désordre.

Le chef du soutien, qui sentait qu'il lui fallait dérober, aussi vite que possible, sa subdivision massée au feu de l'ennemi, avait tout de suite commandé : « Demi-tour! — Marche, marche! » Mais le terrain était trop étroit pour se retirer sur un front aussi large; — aussi le peloton s'est-il groupé en un cercle épais, attendu que, dans un pareil moment, il est à peine praticable de faire un commandement pour rompre ou pour se former par le flanc.

Je l'avais prévu; aussi ai-je tout de suite couru au soutien et commandé : « Occupez le bord de la hau-« teur, pour couvrir la retraite! »

J'ai indiqué en outre rapidement les points que l'aile droite et l'aile gauche avaient à occuper, — et le soutien s'est alors promptement divisé en deux groupes très-passablement postés, pouvant faire feu de tous côtés; — c'était le meilleur moyen d'utiliser un pareil amas d'hommes en retraite, au lieu de lui laisser donner prise, sans résistance possible, aux balles ennemies, ou de laisser courir en retraite en désordre. Sur ces entrefaites, les groupes qui se retiraient se concentrèrent aussi assez convenablement des deux côtés. J'ai crié au 2e peloton, qui avait le moins d'espace à sa disposition : « Les groupes rapidement en arrière jus-« qu'à la ferme la plus rapprochée! — Faites marcher « par le flanc sur une file! »

Cette marche par le flanc ayant déjà été pratiquée en retraite, les chefs de groupes n'ont eu besoin que de se rendre rapidement à leurs files des ailes, et à commander : « Par le flanc gauche! (ou droit)... Marche, « marche! » De cette façon, les groupes, déjà assez confus et mélangés, se sont débrouillés, attendu que chacun a connu le but à atteindre et a vu son chef. Si certains hommes se sont, dans ce moment, réunis à une section autre que la leur, parce qu'ils s'en trou-

vaient rapprochés, il n'y a eu à cela aucun inconvénient;
au contraire, on doit *apprendre* et pratiquer ces erreurs,
attendu qu'en réalité il doit manquer plus d'un chef, et
qu'un rangement régulier ne peut se faire que hors de
la portée du feu ennemi.

Le peloton de tirailleurs avait plus d'espace; le chef
a fait battre en retraite de front, et a ordonné, à la
suite d'un examen rapide, à son groupe de l'aile droite
de prendre position à droite, au bord des hauteurs,
pour couvrir la retraite; il a prescrit en même temps
aux autres groupes d'occuper la ferme la plus voisine.
Dès qu'ils se sont approchés de la ferme, ces groupes
se sont mis au pas, par le flanc sur une file, et ont été
ainsi conduits en position.

On peut bien admettre que de pareilles mesures
peuvent tout d'abord empêcher l'ennemi, chez lequel il
s'est produit en tout cas quelque désordre, de poursuivre énergiquement. Peut-être même une retraite de
l'arrière-garde par groupes eût-elle été possible.

Mais comme mon intention était d'exercer la troupe
à se remettre rapidement en ordre après un *désordre
momentané*, j'ai donné à l'arrière-garde l'ordre : « Vite
« en retraite! » même avant que la position de refuge
fût complétement occupée.

Cette retraite a pu tout d'abord, il est vrai, s'exécuter
*de front*, mais dans le voisinage des fermes, tout s'est
tellement ramassé sur deux chemins passablement étroits
que j'ai crié : « Formez les groupes par le flanc! » Les
chefs de groupes n'ont eu qu'à décider promptement

s'ils devaient faire à droite ou à gauche, suivant que cela leur faisait atteindre le chemin par la voie la plus courte, et que cela démasquait le front de la position de refuge. J'ai alors commandé au chef du 1er peloton : « Formez un soutien derrière l'aile droite! » Le groupe du peloton de tirailleurs ne recevant pas d'autre ordre, il va de soi qu'il a dû faire front dans la position de refuge et prendre lui-même position.

*Le 1er peloton*, qui n'avait naturellement pas tous ses groupes parfaitement rangés par le flanc, a pu cependant, parce qu'il ne formait plus un ramassis sans ordre, mais qu'il était divisé en fractions maniables, être facilement conduit par les chefs de groupes sur le point que le chef de peloton, après avoir rapidement reconnu le terrain autour de lui, leur a désigné pour se rassembler. Là, on a pu se former tout de suite facilement par sections.

Après avoir tout contrôlé, j'ai commandé, pour faire continuer la retraite : « Le peloton de tirailleurs, for-« mez l'arrière-garde! Le 2e peloton, rompez en ar-« rière par groupes! Le soutien en retraite!... » Le chef du peloton de tirailleurs a répété l'ordre pour son peloton. Le soutien s'est mis en marche en faisant *demi-tour*, et le chef du deuxième peloton a commandé : « Retraite par groupes en commençant par « l'aile droite! »

Son groupe de l'aile droite, conduit par le chef de groupe, a fait rapidement le tour de la ferme par le flanc droit et a suivi le soutien, le groupe suivant a agi de la même manière. Pour le groupe de l'aile gauche, j'ai commandé encore : « Laissez une patrouille pour « protéger le flanc, le long du fossé! » Sur quoi le chef de groupe a désigné tout d'abord les trois hommes, et leur a vite recommandé de toujours protéger le flanc, à hauteur du peloton de tirailleurs; puis, pour les au-tres, il a ordonné : « En retraite!... Par le flanc gau-« che! » et a suivi par le plus court chemin. Lorsque tout le monde a été ainsi en mouvement, j'ai ordonné au chef de peloton de faire promptement rassembler sur le soutien chacun des groupes battant en retraite, ce qui s'est fait facilement au pas de course, par une marche de flanc suivie d'une formation à droite en ligne dans chaque section. En supposant que, dans ce mouvement, quelques groupes n'aient pas trouvé leur vraie place, on devait attendre jusqu'à la halte pour rectifier ce qui n'avait pu l'être pendant la marche.

Le peloton de tirailleurs a ensuite reçu l'ordre de suivre comme arrière-garde. Le chef a désigné le groupe de l'aile droite pour servir d'arrière-garde, et a porté successivement les deux autres en arrière pour en for-mer une troupe intermédiaire couvrant les derrières de la retraite. — Dès que tout a été organisé, j'ai fait arrêter pour montrer comment, en pareil terrain, l'ex-trême arrière-garde devait se retirer.

Cette extrême arrière-garde a dû, aussi bien que la patrouille de l'aile gauche, abandonner au pas de course la position occupée, au commandement de : « Vite en « retraite! » puis faire front de nouveau à la ferme voisine la mieux située, et y prendre rapidement position. D'une manière analogue, et sans s'arrêter longtemps aux mêmes places, elle s'est retirée de position en position, pour être à chaque instant prête à la résistance, au cas où le soutien de la compagnie n'aurait pas encore pris une avance suffisante.

Cela ayant été bien exécuté, j'ai mis fin à l'exercice.

# QUATRIÈME MATINÉE

---

*Le ..... mai .....* (Voir *fig.* 4.) — A une lieue et demie environ de la garnison, à droite et à gauche d'une chaussée, se trouve le village de Dünnwald; en arrière, une plaine couverte de bois, puis un terrain déboisé, en partie s'élevant avec des ondulations, en partie plat. La distance étant assez grande, j'ai décidé qu'on ferait un exercice de marche et un exercice de combat; les hommes étaient en tenue de marche de campagne, avec trois cartouches.

La compagnie s'est mise en route à six heures; — elle comptait 74 hommes.

### BUT DE L'EXERCICE.

1° *Marche de route*, puis marche dans le voisinage de l'adversaire, en prenant les mesures de sûreté nécessaires et en fouillant le terrain, sans ennemi marqué en face de soi;

2° *Reconnaissance* de Dünnwald en présence de patrouilles ennemies;

3° *Attaque* d'un détachement ennemi (marqué) en position sur la lande derrière Dünnwald, savoir :

a) Sur la partie *déboisée, de front,* au moyen d'une marche en avant par bonds successifs, suivie d'un *assaut* final, qui est repoussé.

b) Après avoir battu en *retraite* jusqu'à une position complétement couverte, *renouvellement de l'attaque,* en occupant l'ennemi sur le front, tandis que l'effort principal est dirigé contre son flanc. Cette nouvelle attaque réussit.

*4° Conduite à tenir après l'attaque réussie.*

### EXÉCUTION.

Marche en ville tambour battant; défilé au port d'armes à la porte; puis le tambour cesse de battre; les rangs prennent d'eux-mêmes leurs distances, les sous-officiers se placent en tête et en queue; on défait le bouton d'en haut pour ouvrir le collet, et l'on peut fumer. Les sections ne prennent pas d'autres distances que celles prises par les rangs; les tambours et clairons et la section de tête se mettent à une allure égale, légère et aisée; l'arme est à volonté et peut même être portée à l'aide de la bretelle.

A la queue on laisse un clairon pour faire le signal : « Appel! » si un supérieur vient de derrière ou s'il faut faire place sur la route.

Au bout d'un certain temps de marche, j'ai ordonné à la compagnie de se partager à droite et à gauche de la chaussée, — manière de marcher plus commode et surtout moins étouffante, à condition cependant que les files restent à hauteur de leurs chefs de file. — Pour traverser un grand village, j'ai fait battre la marche; tout le monde a porté alors l'arme sur l'épaule gauche et s'est remis au pas; on ne devait cependant rien changer à l'ordre de marche, à moins qu'on n'eût formellement commandé : « Reprenez le pas cadencé! »

Il est toujours bon de ne pas marcher négligemment en traversant les villages.

De l'autre côté du pays, on a fait une courte halte; puis on a formé une avant-garde; les tambours et clairons ont été placés à la queue de la compagnie; on pouvait aussi attacher à chaque peloton un clairon et un tambour. Les sous-officiers se sont portés à leurs sections respectives.

Le terrain étant tout d'abord découvert, l'avant-garde est restée par le flanc à rangs serrés, sans détacher de pointe en avant. Quelques maisons le long de la chaussée n'ont pas été fouillées; une pointe ne s'est portée en avant au pas de course que lorsque le terrain a commencé à s'élever.

Ici, la route devenant encaissée, un homme de la pointe a dû monter sur le talus. Le chef de l'avant-garde a détaché de lui-même une patrouille vers un bosquet voisin; après avoir fouillé ce bois, cette patrouille devait d'elle-même rejoindre la compagnie.

A 600 pas de Dünnwald, on a fait halte; le chef de l'avant-garde a été interrogé sur les mesures de sûreté qu'il comptait prendre pour la halte. Puis on s'est mis en ligne par peloton et on a formé les faisceaux, après avoir fait sortir la section qui devait représenter l'ennemi marqué.

*Instructions pour l'ennemi marqué.*

L'ennemi marqué doit prendre position derrière Dünnwald, face au village, près de la parcelle de bois A; une patrouille doit, sans être vue, se tenir à la lisière de Dünnwald pour observer; mais elle doit se retirer lentement sur la chaussée devant l'ennemi, s'il s'avance, et envoyer des nouvelles à propos de toutes les mesures prises par l'adversaire.

Un clairon avec un drapeau, pour marquer le soutien, a été attaché à la section. Le drapeau (le soutien) ne doit se montrer qu'au dernier moment, lors de l'attaque de l'assaillant.

*Marche en avant sur Dünnwald.*

La compagnie a simplement pour mission de chasser l'ennemi de Dünnwald et des environs, et d'établir des avant-postes au delà de ce village vers Schlebusch.

Le 2e peloton d'avant-garde! A droite, vers le moulin, une patrouille latérale qui, au delà de Dünnwald, doit se rapprocher du détachement; à gauche, vers le cloître D (Kl. Dünnwald), une patrouille pour couvrir le flanc gauche; au delà de Dünnwald, cette dernière patrouille doit chercher à se relier avec la pointe.

La pointe (2 files et un homme de communication) s'était approchée vivement du village par la chaussée, et les patrouilles latérales cherchaient à gagner de l'avance, lorsque tout à coup, de la lisière où la patrouille ennemie s'était assez bien embusquée pour n'être pas remarquée, est parti un coup de fusil.

Les détachés se sont arrêtés, se sont couchés dans les fossés de la route, et ont observé les environs. On a fait signe aux patrouilles latérales de s'avancer rapidement. Quand il a été prouvé qu'il n'y avait aucun ennemi en face d'elles, et comme on ne découvrait plus rien d'ailleurs au sujet de l'adversaire, la pointe a été envoyée contre le village à l'allure de : « Marche, marche! » elle a gagné les premières maisons et y est restée cachée un moment pour regarder autour d'elle.

Au milieu du village, on a pu voir de nouveau un homme embusqué au coude de la chaussée. Mais comme on n'a pas admis que ce pût être autre chose qu'une patrouille, la pointe a reçu l'ordre de courir en avant, de ferme en ferme, d'abri en abri.

La patrouille ennemie s'est promptement retirée; la pointe, suivie elle-même à une distance convenable par l'avant-garde et par la compagnie, s'est mise à sa poursuite. A la lisière opposée du village, cette pointe a remarqué, derrière une élévation voisine de la chaussée, deux hommes postés de manière à pouvoir battre de leur feu la sortie du village. On n'a pas pu reconnaître si, derrière eux, il y avait un détachement ennemi.

Le chef de l'avant-garde, voyant la pointe s'arrêter, est venu au-devant de l'homme chargé de transmettre la nouvelle suivante :

*De la pointe :* « A 200 pas de la sortie, il y a une « file ennemie en position; impossible de voir s'il y a « un détachement derrière! »

Le chef de l'avant-garde s'est vivement porté à la sortie. A gauche, au delà du village, d'épais taillis s'étendaient sur une longueur de 150 pas environ le long de la chaussée; à droite, à 200 pas à peine, il y avait près de la route une élévation derrière laquelle était placée la file ennemie. On ne voyait rien encore de la patrouille latérale de droite.

Le chef a fait signe à l'avant-garde de s'avancer le long de la chaussée à gauche; quand elle a été à proximité, il a commandé : « Marche, marche! » et s'est placé lui-même à sa tête pour se porter jusqu'au bord du bois en se baissant dans le fossé de la route.

Il est parti deux coups de feu, puis la file ennemie a disparu; on l'a vue se retirer en courant le long de la chaussée, puis, à une certaine distance, se jeter à terre de nouveau.

A un signe du chef, la pointe a couru en avant vers la hauteur, attendu qu'on savait dès lors qu'on n'avait affaire qu'à la patrouille dont il vient d'être question.

L'avant-garde a pris position au bord du bois; le chef a rejoint la pointe à droite de la route, où la hauteur permettait de voir facilement au loin. Grâce à lui, la compagnie pouvait librement déboucher du village; mais il était encore impossible de voir quelque chose de plus au sujet de l'ennemi. Dans l'intervalle, la patrouille latérale de droite s'est rapprochée, venant d'en arrière à droite, et on lui a fait signe de rejoindre. Le terrain était alors découvert des deux côtés de la chaussée; à gauche, le bois faisant un angle se dirigeait vers Hornpott; un peu plus loin en arrière et plus haut se trouvait, environ à 300 pas de la chaussée, le petit bosquet A; quelques vieilles ravines, parallèles à la route, permettaient de s'avancer encore quelques centaines de pas plus loin à couvert le long de la chaussée.

*Reconnaissance poussée plus en avant.*

Il s'agissait évidemment pour l'avant-garde de pénétrer jusqu'au bosquet A, ou de reconnaître s'il était occupé.

Le chef a crié à son avant-garde : « Une patrouille à « gauche, le long du bois, vers le bosquet A! »

A peine avait-il jeté ce cri, qu'il a aperçu dans cette direction un homme de la patrouille latérale de gauche, qui cherchait à se relier avec lui. Il a aussitôt rappelé la patrouille qui partait, et a envoyé à la patrouille latérale de gauche un gefreite chargé de la mener plus en avant vers le bosquet, en longeant le bois.

De plus, il a prescrit à la patrouille latérale de droite, qui venait d'arriver, de continuer à avancer sur le côté gauche de la chaussée, concurremment avec la pointe, en se servant des abris pour se porter, par bonds successifs, le plus en avant possible, afin de reconnaître si le terrain était occupé par l'ennemi.

Devant cette marche en avant, la file ennemie a reculé encore un peu plus, mais elle est restée ensuite couchée derrière le bord d'un fossé ; on a vu un homme courir en se baissant vers le bosquet A, d'où un autre est venu à sa rencontre ; puis quelques têtes se sont aussi montrées près du bosquet, et un coup de feu est parti. Les détachés se sont arrêtés et ont pris position.

e chef de l'avant-garde lui a fait signe de s'avancer apidement, et a envoyé un homme pour m'annoncer ce qu'il avait observé.

J'avais fait halte moi-même tout près de là pour

contrôler les dispositions prises par ce chef, mais j'avais fait exprès de ne pas me mêler de ce qu'il faisait, et je me suis laissé transmettre les nouvelles, quoique j'eusse vu tout ce qui se passait.

J'ai alors communiqué à l'envoyé l'ordre suivant : « L'avant-garde doit se porter en avant, *file par file,* « jusque sur la ligne des détachés; le peloton de ti- « railleurs va être tout de suite envoyé en avant pour « attaquer à gauche de l'avant-garde. »

Je fais remarquer à ce sujet que cette manière de renforcer *file par file, hors de la portée* du feu efficace, est très-avantageuse quand on veut, presque sans être vu, augmenter le nombre des tirailleurs encore éloignés de 300 ou 400 pas de l'ennemi, c'est-à-dire au moment des *préliminaires* de l'attaque. Par contre, lors de *l'exécution* de l'attaque, il faut, même en s'avançant par *bonds successifs,* porter en ligne, *à la fois et tout d'un coup, au moins le même nombre* de tirailleurs que la défense en a mis en position; en agissant *ainsi,* on n'offre qu'un but incertain au tir de l'ennemi, et, par suite, les pertes sont moins sensibles.

Il était évident du reste qu'il était *fâcheux* pour mon attaque que l'avant-garde eût dû se porter si loin en avant pour *reconnaître* la position ennemie, — et ce résultat a prouvé combien il est important pour le *défenseur* de se tenir jusqu'au dernier moment *caché* pour les détachés; — car, *seulement alors,* j'ai pu indiquer les *dispositions définitives à prendre pour l'attaque,* et il m'a fallu me décider à *une attaque de front*, parce qu'autrement j'aurais laissé mon peloton d'avant-garde dans une position très-critique. J'ai même dû, dans ce moment, m'en rapporter entièrement à l'intelligence de chacun des chefs de peloton, quant à l'appui qu'ils devaient mutuellement se prêter au moment de l'attaque, attendu que, dans un *combat réel,* il m'eût été absolument impossible de faire parvenir des indications spéciales au chef du peloton de l'avant-garde, et que, par conséquent, je ne voulais pas le faire non plus dans un *exercice en temps de paix.*

*Exécution de l'attaque de front.*

J'ai donc galopé rapidement jusqu'au bord du bois, où les deux pelotons s'étaient tout de suite portés, tandis que l'avant-garde courait en avant, et j'ai ordonné : « Le peloton de tirailleurs en position à gauche de « l'avant-garde pour attaquer le bosquet!... Puis, attaque « par bonds successifs!... Le 1er peloton comme sou- « tien en ordre déployé! »

Le chef du peloton de tirailleurs a commandé : « En « tirailleurs! » — Mais j'ai fait immédiatement arrêter. Le sol, tout découvert qu'il était, offrait pourtant divers petits plis de terrain qui pouvaient très-bien être mis à profit par chacun des groupes pour s'approcher, suffisamment à l'abri, au moyen de bonds successifs, jusqu'à portée favorable du tir. C'est pourquoi j'ai fait donner l'ordre : « Par le flanc dans chaque groupe, et « en avant vers le bosquet! »

Le chef de peloton s'est alors placé à la tête du groupe de l'aile droite comme groupe de direction; les autres groupes, leur chef en tête, ont cherché à utiliser, autant que possible, dans leur marche en avant, les petites élévations qu'ils rencontraient comme abris, pour courir en avant de l'une à l'autre.

Lorsque le groupe de droite a eu pris position, les autres ont tâché de gagner une position favorable à peu près à sa hauteur. On était à 300 pas environ de la position de l'adversaire. L'ennemi avait tiré plusieurs coups de feu. Le chef du peloton de tirailleurs a commandé : « Feu individuel à 300 pas! » Jusque-là, aucun coup n'avait dû être tiré, attendu que le feu de l'ennemi ne pouvait être qu'inefficace. Le 1er peloton, au commandement suivant de son chef : « Prenez les inter- « valles sur le centre! Marche, marche! » avait suivi à 150 pas environ en ordre déployé, et s'était jeté à terre lorsque les tirailleurs s'étaient couchés, également au commandement de : « Halte! Couchez-vous! » Je me suis trouvé entre le 1er peloton et le peloton de tirailleurs, *pied à terre*, afin de m'exercer, dès le temps de paix, à ne pas changer beaucoup de place tout en dirigeant ma troupe.

Le défenseur avait très-habilement pris ses dispositions; son fanion (le soutien) ne se montrait nulle part, de sorte que je devais m'attendre à le voir tout à coup venir à l'encontre de mon dernier assaut sur un point donné. S'il se montrait plus tôt, je pouvais tout de suite le couvrir de feux si efficaces que mon attaque y aurait gagné en chances de succès. Aussi ai-je dû *chercher à engager l'adversaire à montrer son soutien avant ma propre attaque.* Je ne pouvais y arriver que de deux manières :

1° En faisant porter les tirailleurs en avant, par bonds successifs;

2° Ou bien en rapprochant *mon* soutien de la ligne de feux, et en l'y faisant coucher.

Par suite, j'ai donné au chef du peloton de tirailleurs l'ordre suivant : « Faites dire le long de la ligne de « tirailleurs, jusqu'à l'aile droite, que l'on doit *avancer* « *par pelotons, par bonds successifs, en commençant* « *par l'aile droite.* »

Au chef du 1er peloton, j'ai commandé :

« Suivez avec le peloton de soutien le peloton de « tirailleurs qui se porte en avant : Marche, marche!... « puis couchez-vous à l'abri derrière ce peloton! » Et j'ai ajouté comme explication : « J'attache un prix tout « particulier à ce que le mouvement du soutien se fasse « en même temps que celui du peloton de tirailleurs. » —(En partie pour produire plus d'effet; en partie parce que, de cette façon, dans un combat réel, les pertes sont moins fortes.)

J'ai vu que mon premier ordre se transmettait plus loin, et que le chef du peloton de tirailleurs renseignait ses hommes sur ce qu'ils avaient à faire. Le chef du soutien a aussi indiqué aux siens qu'au commandement : « Debout! Marche, marche! » tout le monde devait suivre le peloton de tirailleurs, et qu'au commandement : « Couchez-vous! » on devait se jeter à terre, à l'abri derrière ce peloton.

Quelques instants se sont passés — (avec des exercices plus fréquents, ce temps d'arrêt deviendrait de plus en plus court, attendu que les ordres se transmettraient et se recevraient de plus en plus vite d'une aile à l'autre), — puis j'ai entendu le chef du 2e peloton commander : « Debout!... A 50 pas!... Marche, marche! »

En même temps, dans le peloton de tirailleurs, on a donné l'ordre : « Renforcez le feu! »

Le 2e peloton a couru en avant et s'est couché, au commandement de son chef, derrière une coupure de terrain favorable; — le chef de peloton a commandé aussitôt après : « A 200 pas!... Feu renforcé! »

Au même instant, le chef du peloton de tirailleurs a ordonné : « Debout! Marche, marche! » et presque simultanément le chef du 1er peloton a donné le même ordre.

L'ennemi faisait des feux rapides, mais son soutien ne se montrait point.

Derrière un petit ressaut du terrain, le chef du peloton de tirailleurs a crié : « Halte!... Couchez-vous!... « A 180 pas!... Feu renforcé! »

Le soutien a encore franchi à la course un certain espace de terrain; et, à 50 pas environ derrière le peloton de tirailleurs, le chef a commandé : « Couchez-« vous! » — Si le soutien ennemi s'était montré en ce moment, tous les feux auraient dû se concentrer sur lui.

J'ai fait alors dire tout bas vers les deux ailes : « Pré-« parez-vous à l'assaut! » sur quoi la baïonnette a été rapidement mise au bout du canon; puis, j'ai commandé tout haut : « A l'attaque! Marche, marche! — Hurrah! » — Les clairons ont sonné : « Avancez vite! » et les tambours ont battu la charge.

J'ai dirigé l'assaut vers le bosquet; — le drapeau s'est alors montré, flottant derrière un retranchement sur le côté; — l'ennemi avait pris ses dispositions pour repousser l'attaque.

*Conduite à tenir après l'attaque repoussée.*

J'ai commandé : « Halte! » Puis aussitôt après, au chef de soutien : « Le soutien en arrière-garde! » — Et au reste du détachement : « Lentement en retraite! »

On a exécuté cet ordre comme on avait appris à le faire à l'exercice. — Puis, dans la position favorable la plus rapprochée, on a rapidement fait une décharge derrière soi, et ainsi de suite.

Sur l'ordre de son chef, le 1er peloton est resté couché à la place même où il s'était arrêté, et il a commencé le feu dès que son front a été démasqué.

J'ai ordonné au chef de ce peloton, en passant, de se dérober peu à peu au feu de l'ennemi, en faisant couvrir sa retraite par un groupe.

Aux chefs des deux autres pelotons, j'ai donné l'ordre de cesser le feu et de rassembler peu à peu leurs pelotons derrière l'aile gauche, vers un ravin peu profond où ils devaient être complétement à l'abri. Le peloton d'avant-garde s'est porté d'abord en arrière droit devant lui jusqu'à ce qu'il fût caché dans le ravin; puis il s'est mis par le flanc le long de ce ravin. Les pelotons ont été promptement formés.

*Renouvellement de l'attaque sur un autre point.*

Mon plan était maintenant de recommencer l'attaque dans des conditions mieux appropriées au terrain, c'est-à-dire en partant du bois qui s'étendait jusqu'à Hornpott et qui arrivait tout près du bosquet A. C'était, à vrai dire, une épaisse réserve de forêt qui rendait le passage difficile; pourtant j'ai disposé le peloton de tirailleurs de manière à le faire avancer rapidement jusqu'auprès de Hornpott à travers cette réserve, pour attaquer vivement l'aile droite ennemie; pendant ce temps, je devais occuper l'adversaire sur son front, le long de la lisière de ce côté-ci.

Le peloton de tirailleurs a rompu par le flanc, en se faisant précéder de près par une pointe; le 2ᵉ peloton a dû détacher rapidement un groupe jusqu'au saillant de la réserve; le reste est demeuré en soutien, par le flanc et à l'abri, tout contre la lisière. Dans l'intervalle, le 1ᵉʳ peloton avait fait rester debout seulement son groupe de l'aile gauche et avait rassemblé aussi le reste de son monde dans un petit repli de terrain.

Je me suis porté en tête. Dès que le peloton de tirailleurs a été visible à gauche, j'ai fait renforcer les deux groupes qui se trouvaient en première ligne, par une section, et, aussitôt que j'ai vu le peloton de tirailleurs se porter en avant, j'ai fait sonner : « Avancez « vite! » et j'ai lancé ma troupe dans le bosquet au cri de « Hurrah! »

Ces mouvements s'étaient succédé si rapidement,

que le soutien ennemi avait encore conservé la même
situation sans changer de place, et que la position
ennemie tout entière a pu aussi être tournée par son
aile droite.

Les tirailleurs ennemis se sont rejetés sur la position
du soutien; et, lorsqu'ils s'y sont, eux aussi, trouvés
débordés sur leur flanc, par suite de l'occupation de la
lisière opposée du bosquet, ils ont dû se retirer à
découvert dans la direction de la chaussée.

*Conduite après l'attaque réussie.*

Les tirailleurs de chacun des pelotons n'ont dû poursuivre qu'au moyen de feux envoyés de la position
conquise; puis, quand la distance de 300 pas a été
dépassée, le 1er peloton a reçu l'ordre de commencer la poursuite; il a envoyé aussitôt une section
déployée vers l'ennemi, et avec le reste il s'est rassemblé vers la chaussée et a suivi par le flanc. Les
deux autres pelotons ont été réunis dans le bosquet, et
j'ai ensuite fait sonner le rassemblement pour tout le
monde.

*Mesures de sûreté après l'attaque réussie.*

Une fois tout le détachement formé, on a encore indiqué les mesures de sûreté à prendre pour le cas où la
compagnie devrait alors faire la soupe. Le peloton de
tirailleurs, désigné pour le service de sûreté, devait placer une double sentinelle à gauche, sur une hauteur en
avant de Hornpott, une double sentinelle à la lisière du
bosquet, et un sous-officier avec six hommes comme poste
détaché de sous-officier (et en même temps comme

!roupe d'examen), près de la chaussée où, dans une action réelle, le passage aurait dû être surveillé.

Le reste du peloton de tirailleurs, à rangs serrés et à couvert près du bosquet, devait former les faisceaux avec une sentinelle devant les armes, pouvant avoir l'œil en même temps sur les trois doubles sentinelles.

Les deux autres pelotons auraient fait la cuisine dans le ravin près de la réserve du bois.

Les différentes sentinelles commandées ayant été régulièrement placées pour donner un exemple aux recrues de ce qu'il y a à faire dans une position de grand'garde, après un court repos, on s'est mis en marche pour le retour.

*Considérations générales, et critique.*

En général, j'ai remarqué avec plaisir dans l'exercice d'aujourd'hui, qu'on faisait visiblement attention aux ordres donnés, qu'on les comprenait bien et qu'on les exécutait rapidement; enfin qu'il y avait de l'intelligence et de l'initiative dans la manière dont chacun prenait part à l'action d'ensemble.

C'est bien là une condition essentielle pour qu'il soit possible de diriger et de coordonner les efforts des diverses fractions dans le combat dispersé moderne; les mouvements ne peuvent, en effet, y être directement *ordonnés* que lors des *préliminaires* de l'action; dans l'*exécution*, au contraire, il s'agit bien plutôt de savoir se conformer de soi-même et d'une façon bien exacte, d'après des signes ou de courts appels, aux mouvements qui doivent être exécutés sur un point de la ligne des feux; par conséquent, c'est à cette manière de faire qu'il faut surtout s'attacher en temps de paix; — pourtant on ne satisfait ainsi qu'à l'un des côtés de la discipline de combat, et, par le fait, c'est le côté le plus facile, pour peu que les chefs en sous-ordre possèdent une certaine intelligence, et que l'autorité supérieure leur laisse la latitude nécessaire.

Mais je n'ai pas pu me dissimuler que, dans le *détail* de l'exécution, il y avait encore beaucoup de fautes commises par suite de précipitation, de surexcitation, et aussi çà et là par suite d'un excès de liberté qui conduit à dédaigner les prescriptions indiquées.

Le peu de temps dont je disposais m'a empêché de m'appesantir là-dessus avec autant d'*énergie* qu'on le doit quand on veut parfaire dans ce sens l'*éducation* des sous-officiers et des soldats, et *habituer* chacun d'eux en même temps à la plus stricte discipline dans le combat en tirailleurs, à la *réflexion* et au sang-froid.

Pour atteindre ce résultat, j'aurais dû, à chaque mouvement pour ainsi dire, et surtout à chaque *position*, faire une pause, afin de corriger toutes les erreurs commises dans la manière d'épauler et de profiter des abris, dans la façon dont on visait, et faire recommencer pour habituer l'homme à exécuter avec *précision* et circonspection les mouvements prescrits, en même temps qu'à obéir strictement aux ordres donnés.

Le temps me manquait, — par suite, dans les exercices, ma propre attention, aussi bien que l'attention des chefs en sous-ordre, a-t-elle dû se porter beaucoup plus sur l'*ensemble*, la *cohésion* du tout, que sur les détails.

Ce n'est que par une fréquente pratique qu'on peut arriver à embrasser d'un coup d'œil l'*exécution de détail*; le *sous-officier* dans *le groupe* doit ici, comme *toutes les fois* qu'il s'agit de petites choses, jouer le rôle principal.

Aussi ai-je rassemblé les chefs de peloton et de groupes pour leur faire sentir l'importance de ces détails, et ai-je exigé d'eux qu'à l'avenir ils y fissent sans cesse attention; partout où des fautes seraient remarquées, ils devaient, par des avertissements à voix basse, comme : « Épaulez mieux! — Mettez-vous « davantage à l'abri!... Visez bien — un pied au-des-« sous de la tête! » etc., entretenir dorénavant chez l'homme cette conviction qu'il est *sous les yeux de son supérieur*, et que c'est moins que jamais le cas de faire les choses négligemment et sans réflexion.

J'ai fait également remarquer à la compagnie les fautes commises, et j'ai décidé que désormais ceux qui recommenceraient me seraient signalés par les sous-officiers, pour faire des exercices supplémentaires ou même pour être punis. Mais j'ai ajouté que, vu la bonne volonté manifeste de tous, j'espérais que je ne serais pas obligé d'en venir là, et qu'au contraire chacun penserait maintenant de lui-même aux prescriptions indiquées une fois pour toutes.

Je me suis proposé en même temps, pour rompre ma compagnie à la pratique des détails, de continuer à entreprendre des exercices spéciaux ayant uniquement pour but d'apprendre à un groupe à se mouvoir à portée du feu ennemi, et à se placer derrière les différentes espèces d'abris d'une manière convenable pour tirer régulièrement, tranquillement et en visant bien.

Une pareille instruction peut se donner même sur la place d'exercices, ou bien quand on est en route pour se rendre, de là, à d'autres manœuvres; — et elle n'exige pas beaucoup de temps, puisqu'il ne s'agit que de toujours observer, d'une façon suivie, *les mêmes prescriptions* (indiquées dès le commencement) et de faire exactement attention à ce que les choses s'exécutent constamment d'une manière habile et prudente à la fois. Il faut y employer ses peines, et il y a là moins d'animation pour les chefs et les subordonnés que dans les manœuvres en grands détachements; — mais c'est le seul moyen d'arriver complétement à une éducation *parfaite*. Des sous-officiers sûrs et intelligents doivent même bien vite trouver de l'intérêt à ce contrôle, qui leur assure une grande influence sur la discipline de la troupe.

FIN DE LA PREMIÈRE PARTIE

# TABLE DES MATIÈRES DE LA PREMIÈRE PARTIE

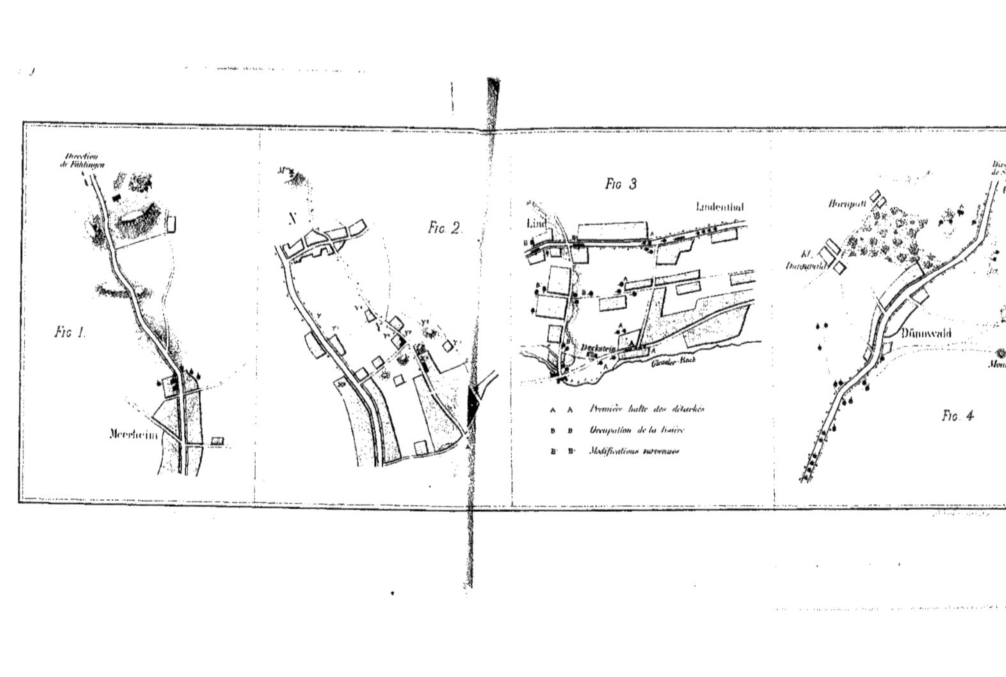

Direction de Fühlingen
Fig 1.
Mercheim
N
Fig 2.
Fig 3
Lind
Lindenthal
Deckstein
Gleueler Bach
A  A  Première halte des détachés
B  B  Occupation de la haie
B' B'  Modifications survenues
Horweiler
Kl. Dünnwald
Dünnwald
Direction de Schlebusch
Moulin
Fig 4.

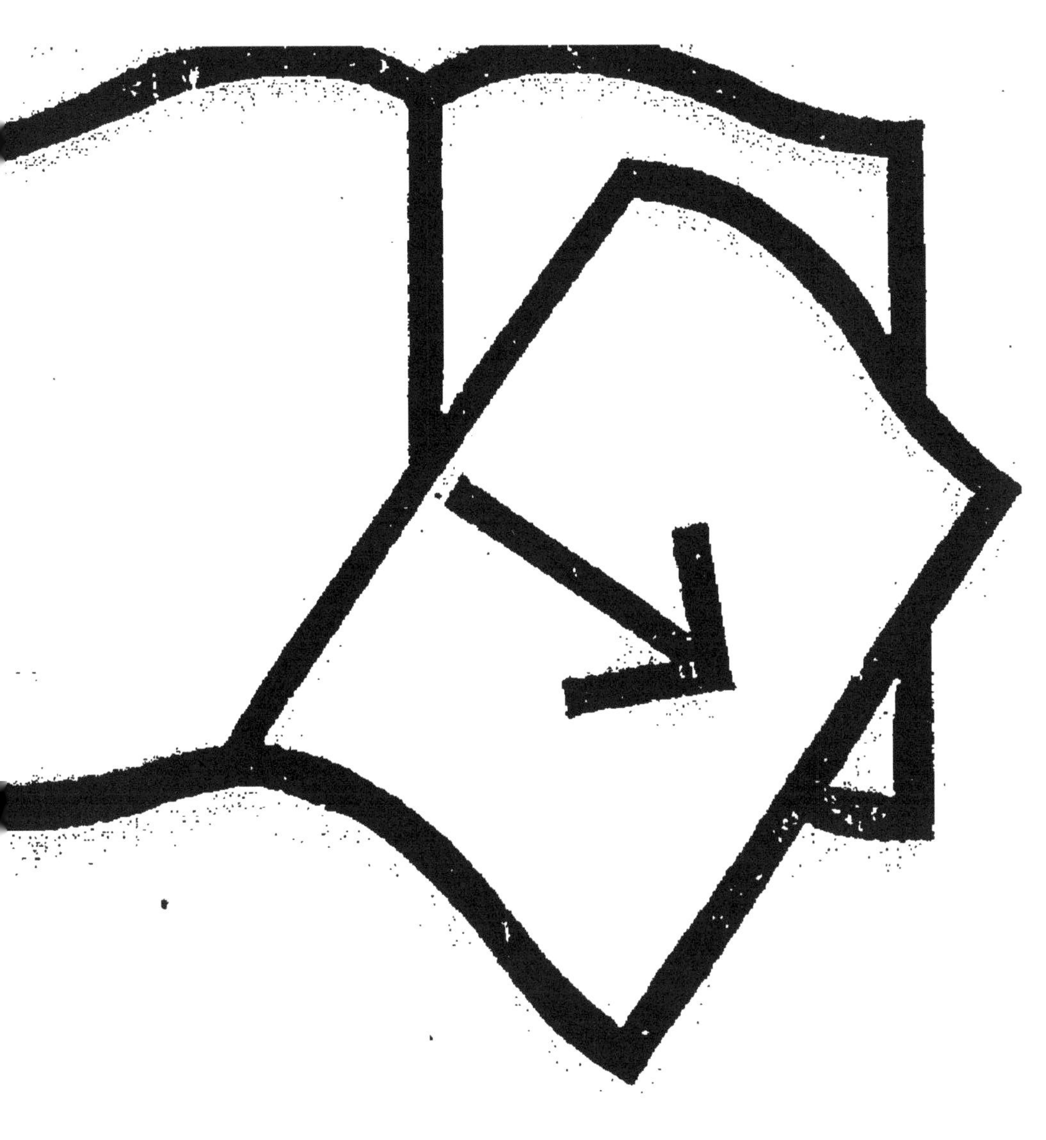

Documents manquants (pages, cahiers...)
NF Z 43-120-13

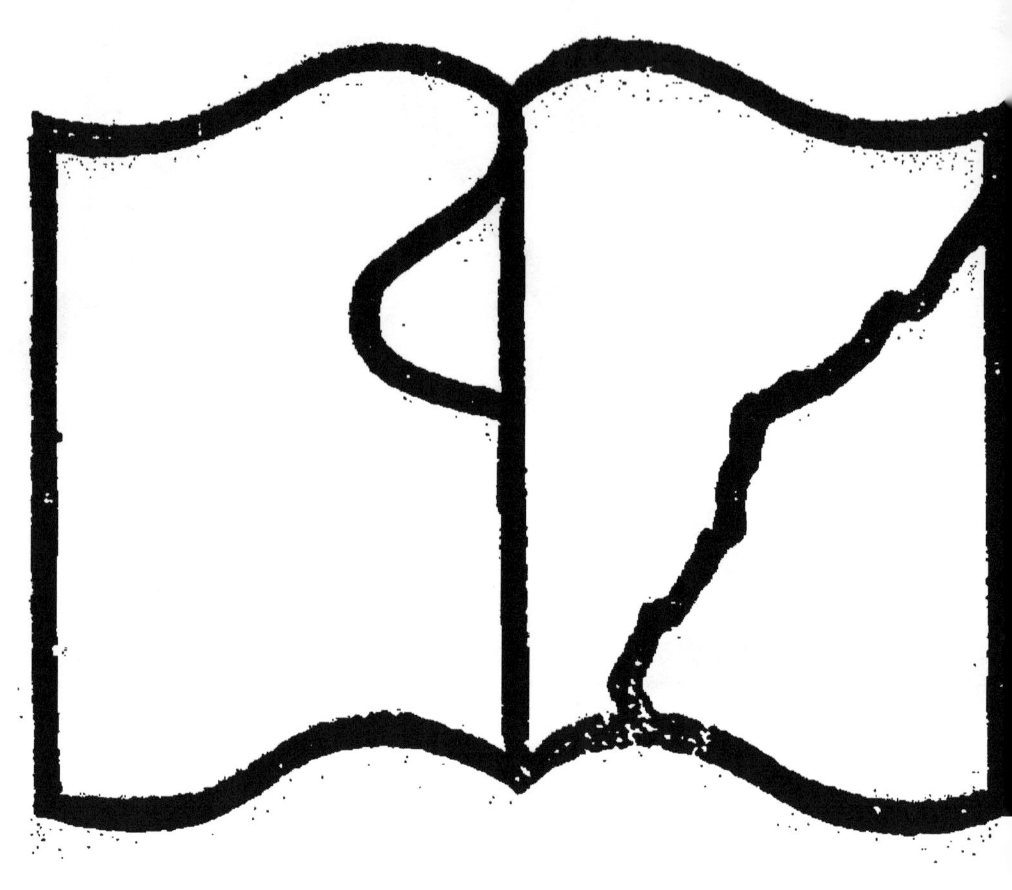